路大荒传

路方红◎著

齊魯書社

谨以此书

献给我敬爱的祖父路大荒先生

路大荒先生（1895—1972）

序

石谷风先生

清晨，我坐在硕大的落地玻璃窗前，望着包河公园里那浓密的绿荫，回想着昨晚的梦境。在梦中我还是那个身着白衫的北平青年，生活在“四面荷花三面柳，一城山色半城湖”的济南。我与路大荒先生，还有他的那些好友们，在大明湖中心的一个小岛——历下亭聚会。在那里写诗作画、品茗谈艺、鉴赏文物。一觉醒来，才感到斗转星移，那已经是七十多年以前的事了。

1940年夏季，我以优异的成绩，从北平古物陈列所国画研究馆毕业，考取了北平交通银行。当报名选择外省市工作地点时，我请示了我的恩师、国画大师黄宾虹先生。他建议我：“济南可去，那里有我的好友路大荒和王献唐先生。路大荒先生是我国著名的蒲松龄著作研究专家，他们两人又是著名的金石学家及文献目录学家，你去济南可以一面工作，一面从事艺术和鉴定。”

我一到济南，在名泉之一的康寿泉畔安顿好住处后，就手持黄先生的信拜访了路大荒先生。在秋柳园18号，我第一次见到了路先生。他是一位身材高大的中年人，嗓音洪亮，操着一口浓重的山东口音，性格豪爽，双眼炯炯有神。听到是黄先生的学生前来拜访，路先生热情地招待了我。后来通过路先生的介绍，我又结识了时任山东图书馆馆长的我国著名金石考古学家王献唐先生。路、王二位先生认为我是科班出身，又跟随黄先生学习过金石考古和书画鉴定，到银行做练习生太浪费人才了，不如专门从事考古和鉴定。再者，山东的公私收藏都极为丰富，是学习、实践及增长才干的极好机会。我正是听从了前辈的意见，由此在济南得以与路先生朝夕相处，开始了我人生中八年传奇而又难忘的文博生涯。

路先生是一位有着强烈爱国情操的人。他出生在山东淄川，早年参加了著名的五四运动，并参加过蔡锷的反袁护国军。抗日战争时期在淄博从事抗日救国运动，家被日寇焚烧后，他隐姓埋名，隐居在济南。路先生极有民族气节，誓死不参加敌伪工作，清贫自守，专门研究金石字画、版本目录。他是研究《聊斋志异》的著名专家，后来我才得知他为了保护珍贵的蒲松龄手稿，避免手稿落入日寇手中，受到了日伪政府的通缉，不得已才背井离乡，隐居在济南。路先生的书法很好，尤擅隶书。闲暇时也画画，画的梅花清丽脱俗，别具一格。

在济南安定下来以后，我便经常到大明湖畔秋柳园路先生的住处请教。这座住宅是路先生的一位亲戚借给他住的，是一座西式小楼，书房窗外即可看到美丽的大明湖，环境优雅。这里亦是清代著名学者王渔洋先生的故居，文人气息甚浓。那时生活虽然清苦，但可以随时向路先生请教金石考古的问题，许多在实践中遇到的难题，都是在请教和讨论中豁然开朗、迎刃而解，这使我终身受益。闲暇时，我们也常常以书画自娱，一起读书，一起作画。经过这么多年沧桑巨变，很多东西都遗失了，但每当我看到路先生和我合作的画册时，眼前总浮现出我与路先生朝夕相处的那些日子。

路先生在济南居住时，因为拒绝出任伪职，赋闲在家，只能靠教书、刻章、卖字等维持生计，生活过得非常拮据。但是为了他挚爱的蒲松龄研究，为了那些古籍手稿，他节衣缩食，在所不辞，达到了如痴如狂的地步。实在买不起的手稿，路先生就与卖家商定，借过来连夜抄写。往往经过通宵达旦的奋笔执书，路先生双眼充满血丝，带着满足的神情，双手捧着手稿还给卖家。也正因为这种执着的精神，才成就了一代蒲学研究的大师。

1948年济南解放后，我于次年来到了安徽定居和工作。济南八年，是我在文物鉴定中学习提高的八年，是理论联系实践的八年，是不断积累经验、充实提高的八年，也是我与路先生朝夕相处的八年。我与路先生八载之交，无间寒暑，对他的为人处世、治学精神受益良多，他是我所敬仰的良师，我一直对路先生充满了思念之情。

1962年，路先生经过大半生的搜集整理，他的《蒲松龄集》正式出版，为蒲氏研究做出了里程碑式的贡献。1982年，在路大荒先生去世十年以后，他的蒲松龄研究的另一重要著作——《蒲松龄年谱》得以再版。路先生的儿子士汉世兄寄来该书，我拜读后感慨颇多。得知路先生晚年的不幸遭遇，我痛心不已。幸今已平反昭雪，欣慰远怀。

路先生离开我们已经四十余年了。随着时间的流逝，当年的故人都相继走进了历史，我也成为一位百岁老人。回忆往昔，感慨万分。得知方红贤侄女正在为他的爷爷路先生写一本传记，我非常高兴，欣然接受了写序的邀请。我认为人民是不会忘记路先生他们这一代人为祖国、为民族、为传统文化事业做出的贡献。我有责任将我知道的故事介绍给大家，我为有路先生这样的恩师感到自豪。

九十七叟 石谷风

前　言

我的祖父路大荒先生，名鸿藻，字丽生，亦作笠生。曾用名路爱范，大荒是其号，又号“大荒山人”，斋名“褚砚斋”“六朝十佛阁”“曲水书巢”等。为了便于记述，本书中我称祖父为“大荒先生”。大荒先生1895年2月18日（农历正月二十四日）诞生于山东省淄川县（今淄博市淄川区）菜园村一户普通的诗书人家。1972年6月6日（农历四月二十五日）逝世于山东省济南市大明湖畔曲水亭街10号，终年77岁。

大荒先生自幼受家庭熏陶，耳濡目染，刻苦治学，博闻强记，遂于古今中外的历史掌故无所不晓。他多才多艺，嗜古玩，精鉴赏，在文物考古、版本鉴定、书画篆刻诸多方面均有较高的造诣。他能书善画，

尤善画梅，气韵萧疏，推崇元人王冕清气逼人的墨梅风骨，并每每以梅雪傲霜自比自励。他书法超俗，笔力神韵，自成一家。他还治得一手好印，格调古朴，刀法娴熟。大荒先生性情真挚，为人坦率，不拘小节，外朴内慧，谈笑诙谐。他重体育，擅武术，为文化艺术界所少见。

大荒先生早年加入同盟会，并参加过著名的五四运动。抗日战争时期，积极从事抗日救亡活动，誓死不参加日伪工作，清贫自守，具有坚定的民族气节。他穷毕生的精力研究蒲松龄的生平及著作，是中国最早出版《聊斋全集》的著名学者。被国学泰斗梁漱溟先生称为“留仙知己”，被誉为“二十世纪蒲松龄研究的第一人”。

目　录

交游篇

少年篇

大荒先生出身书香门第，七岁时，祖父送他去私塾读书，启蒙老师是蒲松龄的同族后裔老秀才蒲国政先生。蒲国政先生除循例教习古籍启蒙课本外，还念诵一些蒲松龄的诗词文章和《聊斋志异》选篇或《聊斋俚曲》，以及蒲先生家藏的俚曲小段，这引起了年幼的大荒先生对蒲学的极大兴趣，加之叔父酷爱诗词歌赋，平常喜讲《聊斋志异》等故事给孩子听，这都为他后来从事蒲学研究埋下了良好的种子。

文字本源李斯重

書家宗尚在山陰

一、诗书之家 学有渊源

大荒先生曾祖父路希周（号蔬邨）先生亲手绘制的画册《蔬邨画本》书影

路家远祖，自明洪武二年（1369）由河北省枣强县迁徙山东省青州益都鹿疃庄，越数年又迁居临淄城西二十里愚公山高赵庄（今大路家庄）。十二世祖路万才到淄川北关乡菜园村落户。大荒先生的曾祖父路希周（约1798—1884），字梦园，号蔬邨，为家乡有名的中医，精于外科，擅长治疗疮疡，外伤患者敷药即愈。他在博山北岭街孙氏万福堂坐诊，对贫苦人家不取分文。抄有《外科秘方》《榴锦堂诗抄》，可惜已失传。蔬邨老人性洒落，有文采，与新邑庠生耿肇果合撰《重修关帝庙》碑文，词句流畅，是记录村史的珍贵资料。他兼喜吟咏绘事，遇林泉胜景，辄挥毫写之。晚年曾汇编短纸方本一册，师承扬州画家石成金《天乐图》笔意，描绘乡土朴诚风俗，豆人寸马，于细微中见精神，意境清新，自然有趣。蔬邨老人时年八十二岁录《姚恭题石成金天乐图》诗云："前人曾以诗传画，今我偏以画传诗。想见两心相印处，一般乐事托谁知？""净几明窗扫世尘，烟云落纸起嶙峋。须知佳境人皆羡，不费舟车又逸身。"该画本名《蔬邨画本》，扉页题词的有《三续本淄川县志》编者王敬铸于民国十三年（1924）跋、淄川县长黄泽沛于民国十三年（1924）题词、山东省立图书馆馆长王献唐先生于民国二十五年（1936）题词、著名历史学家王林肯先生题词。这些人对大荒先生后来的发展均有一定的影响。

大荒先生曾祖路希周（号蔬邨）先生花卉成扇

大荒先生祖父路凤舞（字仪庭）先生人物成扇

大荒先生的祖父路凤舞，字仪庭，经商起家，生活少有余蓄。他嗜好书画，喜爱经书，大有父风，闲时与好友书画往来，不亦乐乎。

父亲路宗轼（1864—1925），字子瞻，读诗书，性朴诚。母亲胡氏（1859—1945）勤俭持家，操劳度日。全家上下二十余口和睦相处。大荒先生因叔父无子，自小出嗣给叔父。叔父路宗辙（1871—1944），字运通，性格宽厚，博学强记，能鉴别书画真伪，对于古典小说中的诗词歌赋多能背诵。他喜欢《红楼梦》《聊斋志异》中的故事，并在闲暇时经常讲给孩子们听。这些家族的遗传基因和生活方式无疑影响了大荒先生的一生。

大荒先生祖父路凤舞（字仪庭）先生菊花成扇

大荒先生父亲路宗轼（字子瞻）先生牡丹成扇

二、故乡熏陶　上下求索

大荒先生7岁时，祖父送他去私塾读书，启蒙老师是蒲松龄的同族后裔老秀才蒲国政先生。蒲国政先生除循例教习古籍启蒙课本外，课余暇日常常讲“三老祖”（蒲松龄排行第三）轶事，大荒先生颇受教益。如了解《问天词》不是蒲松龄作品，而是蒲立德写的；《聊斋志异》中《席方平》故事里面有《二

大荒先生的戎装照片

郎神判》，展示了席方平与贪官勇敢斗争、威武不屈的精神。大荒先生还诵读一些蒲松龄的诗词文章和《聊斋志异》选篇或《聊斋俚曲》。他也随手抄录爱好的俚曲小段，底本都是蒲国政先生的家藏。加之叔父路宗辙酷爱诗词歌赋，平时喜讲《红楼梦》《聊斋志异》中的故事，这些都引起了年幼的大荒先生对蒲学的极大兴趣，为他后来从事蒲学研究埋下了良好的种子。应该说，他后来从事学术的道路，与他所受的启蒙教育有着密切的关系。

大荒先生的青少年时期，正是中国社会的大动荡时期。中国处于中日甲午战争、辛亥革命、五四运动及连年不断的反帝反封建斗争的时代。这些都给年轻的大荒先生生活、学习、就业及思想，留下了深深的时代烙印。

1911 年武昌起义后，大荒先生正在淄川高等小学读书，在辛亥革命的浪潮中，他率领同学冲进城隍庙，掀毁了庙内的泥塑神像。为此，校方要开除他，后托人说情才改为留校察看。同年 10 月，大荒先生由晏立庭、孙文元介绍加入同盟会。

1915 年年底，蔡锷将军等反对袁世凯称帝，在云南宣布讨袁并成立护国军，全国纷起响应，大荒先生在 1916 年 5 月到周村参加了护国军辎重营，直至同年 8 月黎元洪宣布解散该军。这些活动都给大荒先生留下了深刻的印象。

清朝末年，朝廷腐败，民不聊生，老百姓生活苦不堪言。在这样的历史背景下，淄川爆发了一场轰轰烈烈的农民起义运动。大荒先生夫人的祖父参加了当地历史上著名的淄川刘德培起义军。当时起义军响应捻军，在洪山北竖起反清义旗，锄贪官，安良民，攻占了淄川县城，造成了很大声势。这股农民军后因孤军无援，被僧格林沁击败，遭到了灭绝人性的残酷镇压。但是这次农民起义在当地人民心中埋下了一颗不屈抗争的种子。

大荒先生 17 岁与我奶奶结婚。奶奶的祖父因参加刘德培起义军，战败后，侥幸突围，一直流落至关东，直至民国初年才得以回乡。这些亲属的遭遇更加深了大荒先生对腐朽的清政府的憎恨。民族的屈辱与国家的灾难，百姓的悲愤与亲人的仇恨，都给年轻的大荒先生留下了深刻的印象。在这种环境中耳濡目染，大荒先生养成了刚正不阿的性格。

在菜园村往西不远就是洪山煤矿。从大荒先生刚记事的时候起，就看到德国人在那里强行开矿，对中国老百姓作威作福。第一次世界大战结束后，继之而来的日本人更是变本加厉，残酷掠夺，草菅人命。疾恶如仇、爱憎分明的大荒先生对这一切早已刻骨铭心。1919 年 5 月，五四运动爆发，大荒先生是淄博地区学生运动领导人之一，他带头破除迷信，剪辫子，劝妇女放足，参加各界人士聚会，声援北京学生爱国运动。1924 年，大荒先生响应爱国废约运动，出入街头演说，慷慨陈词，情绪激昂，号召同胞们奋发图强，废除不平等条约，抵制洋货，打倒列强，铲除军阀。

在波澜壮阔的革命运动中，大荒先生深刻认识到封建官僚主义和帝国主义是勾结在一起的，要救中国就必须武装斗争。他先后报考了周村政法学校、北京高等警官学校等，并在当地警察所、淄川民团工作，以求报国。但在军阀混战的岁月里，他又能有什么作为呢？

北伐战争后，大荒先生对国民政府寄予幻想，希望能通过

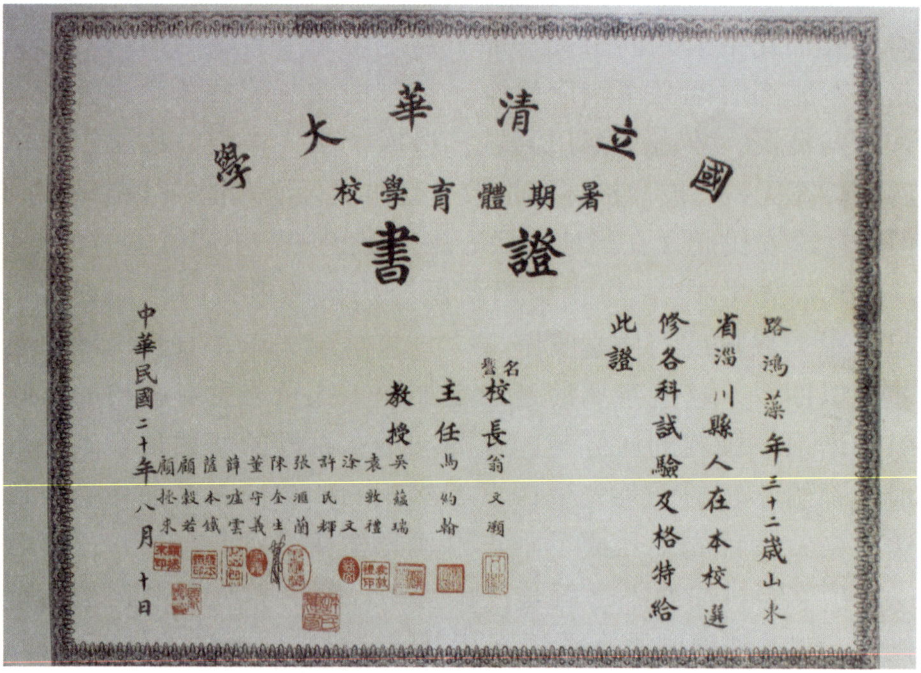
國立清華大學
暑期體育學校
證書
路鴻藻年三十二歲山東省淄川縣人在本校選修各科試驗及格特給此證
校長 翁文灝 簽名
主任 馬約翰
教授 吳蘊瑞 袁敦禮 涂文 許民輝 張滙蘭 陳全生 董守義 薛嘘雲 薩本鐵 顧毅若 顧拯來
中華民國二十年八月十日

大荒先生清华大学暑期体育学校的结业证书

毕柳村先生《鸭戏图》扇面

民众强身健体、普及知识而报效祖国。他到清华大学体育系学习，学成后任淄川民众教育馆体育部主任、淄川体育场场长、淄川戒烟所所长、淄川剪发放足委员会常务委员，并兼任淄川师范体育教员、淄川中学书法教员及重修《淄川县志》委员会金石门编辑等职。虽然公务繁多，但大荒先生依然抽出时间，倾注余力从事他喜爱的蒲松龄著作的收集与整理工作，丰富自己的文物鉴赏知识。大荒先生拜当地著名书画家毕柳村先生为师，从毕先生处学习绘画、文物鉴定、书画鉴赏等。淄川周边地区是齐国故地，地下文物非常丰富，农民从事田间劳动时偶尔可捡拾到封泥、瓦当、陶片、铜器等文物。这些实物给他提供了文物鉴赏的极好条件。他也经常与当地古董商人交谈，并通过鉴赏文物学习了古玩与古书的鉴定方法。

时任淄川县长的黄泽沛先生，是参加中国共产党第一次全国代表大会代表邓恩铭先生的二叔。他为官清廉，思想开明，非常赏识大荒先生的人品及学识，曾对大荒先生讲：“人的行为如黄河奔泻千里，决之东则东流，决之西则西流，若有约制则可流归大海，对前途事业好自为之。”黄县长的话更坚定了大荒先生对蒲氏著作进行全面搜集与研究的信心。

三、 临池学书 画承家学

大荒先生少年时代曾师从县城世伯邹振岳后人读书。邹振岳先生是清同治癸亥进士，是著名的书法家，字宗平原，出入李邕、米芾之间，家中翰墨纷纶。大荒先生大为羡慕，于是潜心揣摩书法，日无间断，夜卧划腹，初学何绍基，后追摹汉隶魏碑，得益于《张迁碑》。晚年日课更勤，书体质朴而带逸气。小楷体端正，笔锋流畅，纤毫清晰。民国初年，大荒先生因书法特长而在县署任司书生。早些时候，大荒先生就已崭露头角，当时本村八蜡庙重修，需题新匾。在首事人的鼓励下，老少围观，众目睽睽之下，大荒先生初生牛犊不怕虎，顺手挥笔，写下“勉善”二字，刻悬八蜡庙东厅。此后，大荒先生笔法逐渐娴熟，被聘为淄川中学的书法教师。1962 年，他给淄博市立图书馆写的牌匾，字体古气通达。

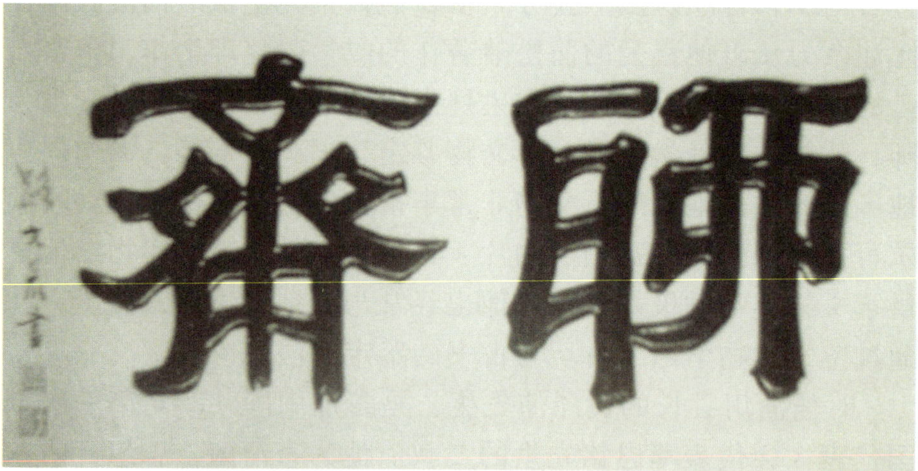

大荒先生为蒲松龄故居题写的“聊斋”匾额

1954年，筹建蒲松龄故居，故居正堂上“聊斋”二字，浑朴刚健，气势不凡，即为大荒先生亲笔挥毫，现与左右郭沫若撰写的对联“写鬼写妖，高人一等；刺贪刺虐，入骨三分”一起，蜚声中外，走入了许多介绍蒲松龄作品的宣传中，成为蒲松龄故居最具代表性的名片。

大荒先生画《松树人物图》

大荒先生的绘画乃继承祖先衣钵，师承毕柳村先生，并且有所创新。松竹梅兰，秉兴纵笔，颇具气韵。山水树林，选景不多用墨，便可勾画出来，并题数语以抒胸怀。著名画家、美术理论家、《中国美术家人名辞典》的作者俞剑华先生曾这样评论道：“路大荒工书法，善画梅，着墨无多，颇有元人风姿。”今日尚可见到的大荒先生临摹宋人山水小景的扇面，

大荒先生画《明湖初荷图》

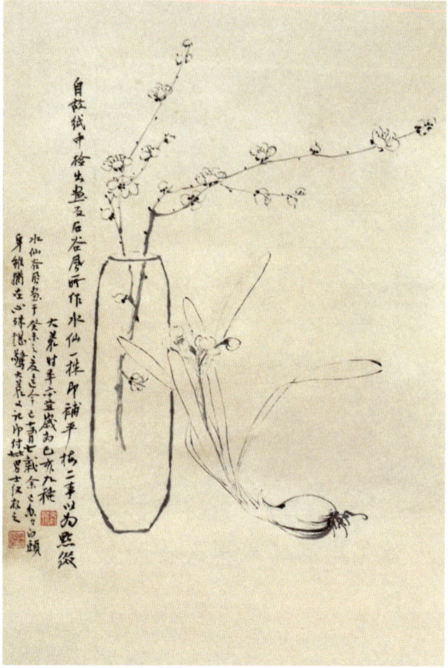

石谷风、路大荒合画《水仙瓶梅图》

苍松数株，笔笔清楚，纯出自然，别具风韵。赠给书法家张海清先生的小品《明湖初荷图》，上题“荷叶如钱柳如丝，正是湖上夏初时”，笔墨不多，雅有清趣。大荒先生最善画梅，推崇元人王冕清气逼人的墨梅风骨，并每每以梅雪傲霜自比自励。大荒先生与石谷风先生合作的《水仙瓶梅图》，一枝墨梅飘然出尘，气韵萧疏。他曾送给他最偏爱的小儿媳妇、我母亲一幅《红梅图》，运笔疏朗劲峭，现仍悬挂在我家客厅，不时引起来访客人的赞叹。在抗战时期，大荒先生隐居在大明湖畔，时常画梅花，有时也偶尔画几笔松、竹，组成“岁寒三友”借以抒怀。他曾画红梅一幅，上题“丹心一片无他意，不画别花画国花”。这也正是他不奴颜婢膝、一身傲骨爱国精神的写照。

大荒先生画《锦绣江山千万里，乘风破浪争上游》

大荒先生画《报喜图》

新中国成立后，在1958年山东省书画展览会上，大荒先生依孝堂山写生为鉴本，挥笔创作一幅山水画，题隶书“锦绣江山千万里，乘风破浪争上游”，布局设色堪称上品，表达了他对新中国的热爱之情。在美术协会举办的画展上，他又提笔画成《小桃红梅花》，老干新枝，花苞怒放，冷香霜姿，春意盎然，上题“沦落方知亡国恨，长空泪雁招忠魂。解放畅怀画梅开，老干新枝见精神”。从中窥见大荒先生对国破家亡的刻骨铭心，对抗战英雄烈士的无限崇敬和怀念，以及新中国成立后人民站起来了的喜悦之情。1960年画《疏柳荷花》，并题

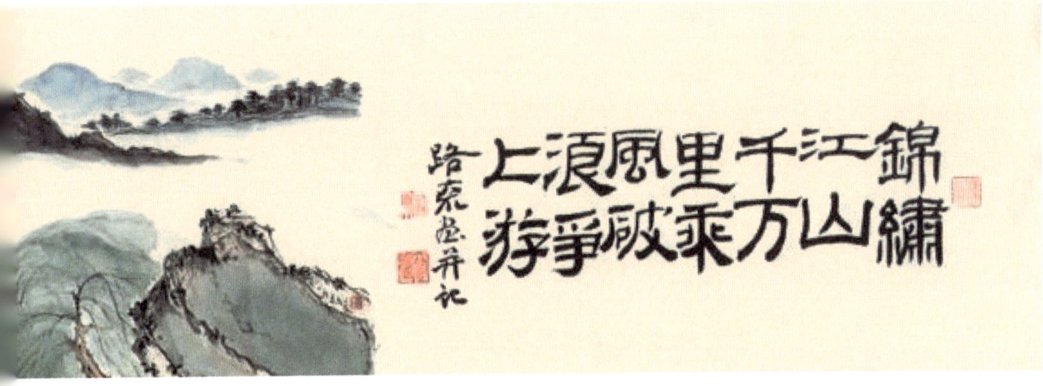

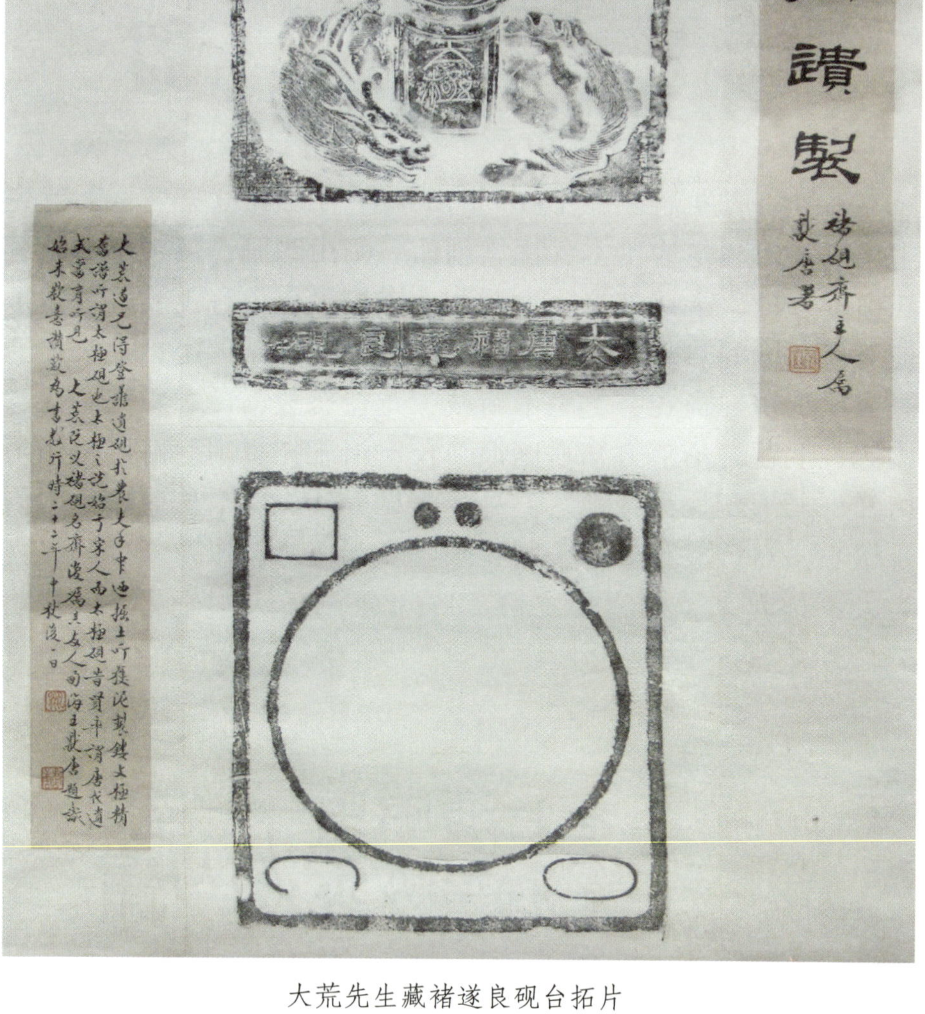

大荒先生藏褚遂良砚台拓片

王献唐先生为大荒先生题“褚砚斋”

旧诗一首“幽蘵标素洁，梗直更虚心。冷艳明秋浦，寒塘敛夕阳。微风香飘远，凉月影浮沉。采莲寄故人，情波思不禁”。作此画他不免想起昔日朝夕相处的朋友沧桑骤变，各奔东西，离情思绪，感慨万千。

大荒先生治的一手好印，格调古朴，刀法娴熟，可惜在“文化大革命”中大都散佚。他作的诗，多不受格律囿限，倜傥不羁，气势磅礴。他写的文章，文笔简练辛辣，酷似蒲松龄文字风采。他刻苦治学，博闻强记。每到一处，总是手不释卷，偶有问题，虽彻夜不眠，殊不为苦。谈起历史掌故，古今中外无所不晓，而且亦庄亦谐，令听者为之叹服。

容庚先生为大荒先生题“荒堂”

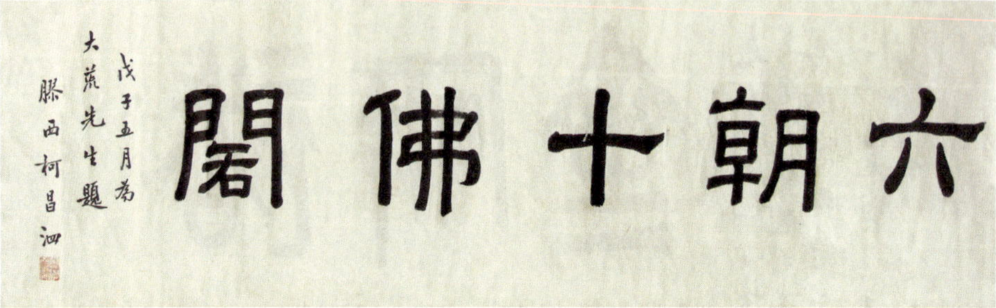

柯昌泗先生为大荒先生题“六朝十佛阁”

大荒先生的斋名也颇有意趣。他精于研习金石之学，正如他自己所说“破瓦残笺当金收”，曾获一方大唐名臣褚遂良的砚台，遂名其书屋“褚砚斋”；得一片汉瓦，名其居室“周尊汉瓦褚砚之室”；因考证朱缃先生《聊斋志异》“殿春亭抄本”而署斋号“殿春亭主人”；隐居济南时所得若干古佛，又署斋号“六朝十佛阁”；收集了不少古陶片、古瓦当，又名书屋“匋文馆”；20世纪50年代定居曲水亭畔后，取斋名“曲水书巢”；因其淄川故居不远处有一荒地称“大荒地”而号“大荒堂主人”。从这些斋号中可以窥见他一生研究之轨迹。

青年篇

1936年版《聊斋全集》共收文290余篇、诗355首、俚曲10种，并附有大荒先生编著的《蒲柳泉先生年谱》。它的问世，是当时蒲松龄作品出版史上第一次规模最大、内容最多的一个版本，在国内外产生过广泛的影响，标志着蒲学研究走向一个新的起点，也奠定了大荒先生在蒲学研究中的坚实地位。

臨風惆悵一登臺〻下黃花次第開名士
由来能痛飲世人原不解才蕉窗酒醒
間疏雨石徑雲深長綠苔零落寒山秌樹
冷啼烏猶帶月明來

解下逸一憐字

路大荒書聊齋詩

一、开路拓荒　集《聊斋全集》

20世纪初，淄川一带流传着许多蒲松龄生平的传说，还有不少人家藏有蒲松龄遗著的稿本或抄本。大荒先生凭着他对蒲氏著作的热爱与执着，开始了对蒲松龄作品的搜集与整理。他曾在《整理蒲松龄诗文杂著俚曲的经过》中写道：“我自幼年时代，每听到长者讲说聊斋故事，都感到有浓厚的兴趣。及年龄稍长，遂事收集蒲氏的遗著。”他先后得到淄川天山阁主人、清咸丰戊午科举人王敬铸辑《聊斋遗文》《聊斋套色画册》《般阳诗萃》手抄本，聊斋外书俚曲九种。得到同治己巳抄本及旧抄本附有

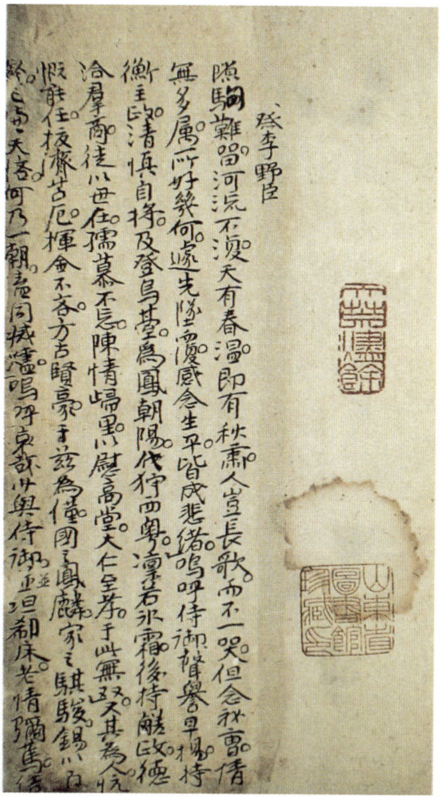

《聊斋文集》手稿

的四六文集。更值得一提的是，他得到了蒲松龄手书《聊斋文集》稿本一册。这些资料尽管为数不多，却为大荒先生研究蒲学奠定了基础。

蒲松龄手书《聊斋文集》稿本是大荒先生最重要的收藏，共一册，四十六页，每半页十行，每行二十七八字不等。原文全用行书撰写。蒲松龄书艺高深，字迹隽秀，潇洒奔放，而且古拙多姿，别具一格。文中很少有改动的地方，当是他晚年经过修订后而誊清的稿本。大荒先生购得蒲松龄手稿的情景，曾记录在《贷钱典衣购〈聊斋文集手稿〉记》中：

今岁三月下旬，因救灾事赴蒲家庄。闻蒲君章禄云：其族人某，有《聊斋文集手稿》一册求售诸人，已经某外人出重价，尚未成交。得讯之下，惊喜交加，又因售者守密，未得一睹，怅之。返寒斋，思之痛切，匆匆又赴济南。即函恳友人孟俊生先生谋获。逾月，得俊生讯云：已取来易价，然意须余鉴真伪也。越日，俊生即携之来济，与余面商。披读尽属祭文，并附挽联，兼附一戏联，丹铅涂抹，字体潇洒，古趣盎然，仿佛犹见先生俯案挥毫也。那忍释手，即商妥留收之。张茂功为“稿”贷钱典衣物，以偿其价。得英奇之可宝，感良友之多情，不能寐者，又数宵矣。即又托刘君熙庭属聚文主人彭君辑五为我装潢，重金勿惜。然在闻号令角声中，资斧告罄之时，尚恋之一书，人间尚有我之痴耶乎！然能聊慰所嗜，何顾世人之笑讪也。丙子七月九日，淄川后学路大荒敬志。

大荒先生为访求蒲氏遗著，常奔波于淄川城乡，曾远到周村、章丘等地，或访亲问友，或浏览书市，既有价购者，也有亲友赠送者。如淄川王东生老先生见他有志于蒲氏研究，就把自藏三册《蒲松龄诗集》赠给他。大荒先生亦用借抄的方法积累资料，如从天山阁主人王敬铸及其弟王敬铎家借书抄写，其

各种蒲氏遗著版本

1932 年，大荒先生与友人在蒲松龄墓前合影

中就有其编辑《聊斋全集》所用的底本，如同治己巳抄本等书。又如从同邑冯荻秋编《般阳诗萃》中选辑蒲松龄诗作，抄写成册。大荒先生姻伯王沧佩见他有志于蒲学研究，便将先人王敬铸所藏《聊斋遗文》送给了他，《聊斋遗文》共计12卷、276篇，这是大荒先生一次巨大的收获。若遇到有关碑刻载文，大荒先生则拓印并装裱保存。他收藏的资料，遇有来索借者，多慨然应允，或抄赠，或借阅，从不独占。大荒先生曾把张元撰写的《柳泉蒲先生墓表》拓片寄赠胡适，胡适为此墓表写一跋文并发表在《益世报·读书周刊》上。此后，四方友好来求索拓片者甚多。大荒先生不辞辛苦，一一答复。新中国成立前，大荒先生已收集《聊斋遗文》等290余种、诗355首、俚曲10种。编辑《聊斋全集》所用资料保存到新中国成立后者，尚有17种、39册。在抗日战争时散佚者，已难计其数。

在《聊斋全集》出版前，大荒先生已在报刊上发表一些研究蒲学的论文。日本学者平井雅尾先生在20世纪初以牙医的身份来到中国，随即对蒲松龄著作产生了浓厚的兴趣，开始了对蒲松龄著作的收集及研究。他与大荒先生过从甚密。平井先生撰《聊斋研究》中《关于聊斋遗稿》内云：

> 幸而淄川县图书馆长兼体育会长路大荒君与余交谊有年，盖路君为当地稀有笃学之士，且为松龄翁同邑之后学，对于聊斋之研究造诣尤深。故聊斋之遗稿收藏甚夥，余承其启发之处颇多；路君收藏聊斋遗稿，承其厚意，由余抄写完毕，不下数十万字。路君与胡适氏为知己之交，为当地研究第一人。

1936年，日本东京文求堂出版了大荒先生注释的《聊斋外书·磨难曲》。1934年，大荒先生在上海的《国闻周报》第30期发表《蒲松龄先生遗著补考》，同年12月17日，在北平的《华北日报·图书周刊》发表《蒲柳泉先生故乡访书日

20世纪30年代，大荒先生与日本学者平井雅尾（左二）、山下奉彦（右一）在蒲松龄墓前合影

记》。大荒先生引起国内外学术界与出版界的注意。经文物考古专家王献唐先生向上海世界书局推荐，大荒先生把编写的蒲氏遗著与年谱的稿本寄给书局。书局编辑赵苕狂先生在付印前未与大荒先生商量，就把大荒先生的稿本与《聊斋志异》及《醒世姻缘传》汇合为一部四册的巨著，题书名为“聊斋全集”，题编著者名为“路大荒、赵苕狂”。大荒先生对这种编排是预料不到的，亦不同意将《醒世姻缘传》编入《聊斋全集》。因为大荒先生经过研究考证，已肯定该书作者不是蒲松龄。赵苕狂是依据胡适的推论，将《醒世姻缘传》当作蒲松龄的作品而编入《聊斋全集》的。一直到1955年，大荒先生在9月4日《光明日报》的“文学遗产”副刊上发表文章《〈聊斋全集〉中的〈醒世姻缘〉与〈鼓词集〉的作者问题》，才得以说明原委。瑕不掩瑜，《聊斋全集》第一、二册所收的年谱与诗文、杂著、俚曲等，仍受到读者的好评。

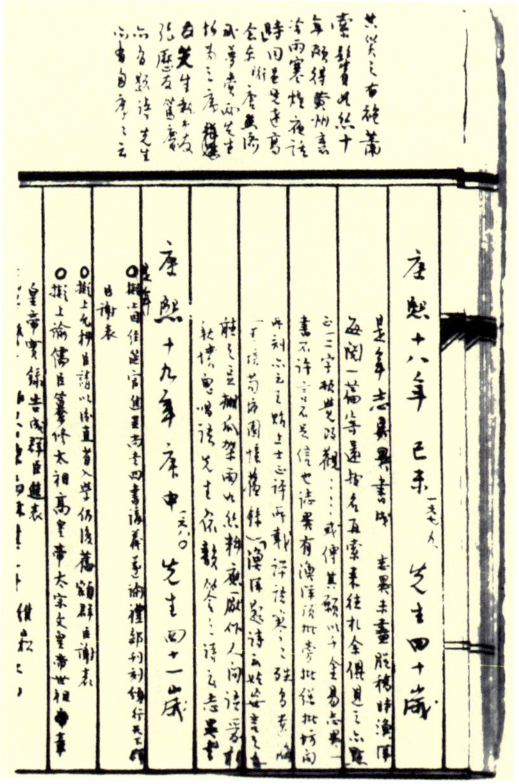

大荒先生撰写的《蒲柳泉先生年谱》手稿

《聊斋全集》出版前，曾有几种蒲松龄诗文集刊本发行，如1893年耿士伟编《聊斋先生遗集》，1909年扶轮社排印耿本而成的《聊斋先生文集》，1929年北京书局刊行的马立勋编《聊斋白话韵文》等，辑录多者仅40

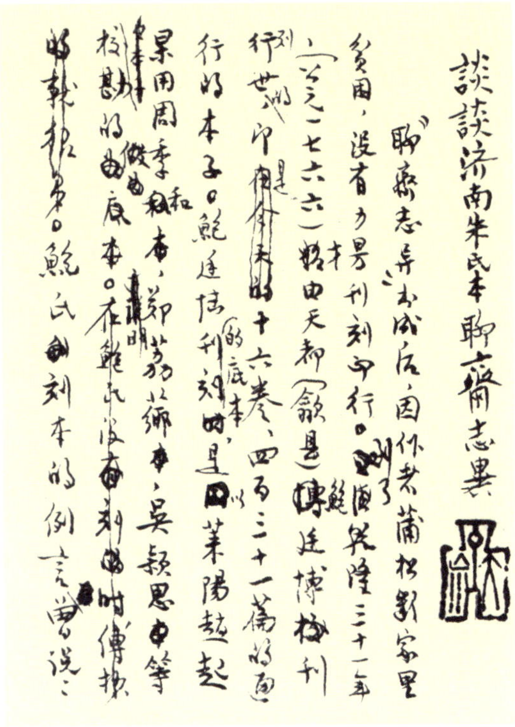

大荒先生研究蒲氏著作的笔记

余篇，《聊斋全集》所辑则多达60万字，而且集各种体裁于一书，因而读者认为《聊斋全集》是使用方便且内容丰富的蒲氏遗著。这为蒲学研究者拓宽了道路。

《聊斋全集》中的年谱依时序阐述与论证蒲松龄生平及著作，谱文前述祖籍迁次，谱文后附《蒲氏世系表》及行述、墓表等有关资料。在“凡例”中先说明编撰主旨：“古云诵其诗，读其文，不知其人可乎？”可见年谱是为阅读蒲氏著作而编的。因而，年谱全文的突出特点是以阐述蒲氏的著作为主，据实论证一诗一文的写作时间与地点、动机与背景、有关人物与事件。“凡关于蒲先生事实之人物与当时事迹一概载入，事实据碑记蒲先生诗文或志书等类，绝不采用流行之浮词。”为此，在年谱中，大量引用了各类文献，包括明清史传、地方志书、族谱年谱、聊斋诗文、信札、有关人物的各类著作。年谱以时间为序，以著作为纲，实际上已成为蒲松龄主要著作编年目录。而目录之学向称读书治学入门之学，大荒先生的目录学造诣亦深，又是鉴定古籍版本的专家，年谱也清楚地反映出这一特点。

关于这份年谱的写作始于何时，甚难推断，而对成稿的时间也说法不一致，一说始于1932年，一说在1933年到1934

年间，一说始于20世纪20年代。现存的年谱第三稿稿本可以提供成稿的准确时间，在此稿本封面上有大荒先生亲笔题签："蒲柳泉先生年谱　第三次改定稿　廿五年六月三十日。""廿五年"即民国二十五年（1936）。封面上还有明确注明"目录五页 世系三页""二万五千字"。

在《蒲柳泉先生年谱》第三次改定稿目录中，大荒先生亲自写下：

> 编著者般阳大荒路笠生，校刊者安邱墨仙王讷。目录：序一　安邱王讷撰；年谱对照表　路笠生撰；世系表　同上；年谱小引　同上；附墓表一　张元撰；跋一　胡适撰；生年考证　路笠生撰。

1936年版《聊斋全集》共收文290余篇、诗355首、俚曲10种，并附有大荒先生编著的《蒲柳泉先生年谱》。它的问世，是当时蒲松龄作品出版史上第一次规模最大、内容最多的一个版本，在国内外产生了广泛的影响，标志着蒲学研究走向一个新的起点，也奠定了大荒先生在蒲学研究中的坚实地位。李士钊先生后来撰文写道："《聊斋全集》的印行，是蒲氏去世后二百多年间的空前盛举，是前人所未有过的事。"

二、日寇侵略　家园被毁

1937年，日本帝国主义制造七七事变，悍然发动全面侵华战争。中华儿女奋起抗战，大荒先生赴杭州航空学校学习，学成后回淄川县从事防空防护工作。

1937年12月27日，日寇攻陷淄川县城。原国民党山东省参议员高福斋即与日军宣抚班班长水鼓联络并得到其扶持，出面组成淄川县维持会并自任会长。翌年3月13日，中国共产党领导的山东人民抗日救国军第五军副司令员廖容标率部攻入淄川城，一举捣毁县维持会，高福斋侥幸逃出，但因受惊吓而丧命。后有当地俚曲传唱此事，如牛德廉《淄川人民遭劫曲》中有“三月里，是清明，廖容标带队打进县城，宣抚官逃在了大荒地，高福斋一去无了踪影”。

大荒先生在淄川沦陷前夕随县政府逃亡，在当地山区迂回躲藏。当时日本帝国主义对我国文化资源大肆掠夺。由于大荒先生的蒲学研究在抗战前已蜚声海内外，并曾在日本发表过学术论文，尤其是《聊斋全集》出版后，人们都知道路家有不少藏书，包括十分珍贵的蒲松龄手稿，因此这些都成为日军的重点掠夺对象。敌伪政府对大荒先生开出所谓“优厚条件”，封官加爵，邀其出山，但均遭到大荒先生的严词拒绝。日本人恼羞成怒，遂对其进行通缉，并广贴告示，限其归案。这时大荒先生 43 岁，已入不惑之年。1938 年农历三月，日寇及汉奸到菜园村路家搜查。我的父亲、大荒先生的小儿子路士汉曾回忆道：

> 那时我才 14 岁，父亲带着部分珍贵的藏书，撇下家人，独自跟着县政府跑到山里去了。有一次鬼子又来搜查，家里只有我一个人，我刚跑到胡同口里，鬼子从对面赶来了，他们手里拿着枪，见人就打。我一看跑不了了，就爬到一棵椿树上，跳进一个走道里。日本鬼子没有找到人，便抢了很多东西，放火烧了我家的房屋。

日寇对大荒先生的祖屋进行了严密的搜查，将大荒先生没有来得及转移及带走的文物字画、古籍善本统统掠走，临走前一把火将房屋烧毁。大荒先生对日寇火烧家园的事一直耿耿于怀，他曾在许多劫后留存的古籍善本上钤有一枚“大荒烬余”的印章，以示对这些古籍的珍重并对战火中失去的古籍善

“大荒烬余”图章

本的追忆。日寇的搜查越来越残酷，淄川城门上都贴上了通缉大荒先生的告示。此刻，大荒先生已经觉得在淄川太不安全了，打定主意向济南转移，他在离家前对手稿等贵重书籍做了周密安排：将《聊斋全集》手稿等藏在身上，先转经博山，秘藏于表弟高金庸（梦周）家的夹壁墙中；又将另外一些珍贵的抄本等藏在其学生张某的岳父田明广老人家中的墙壁里。

火烧路家后，日寇仍四处搜查大荒先生的藏书，捕风捉影地追查到田明广老人家，田明广老人拒不承认有路家的藏书，竟被日寇枪杀。此后，大荒先生每见到田明广老人代存的藏书，就悲愤难止，总想着只有在蒲学研究上做出成绩，才能不辜负田明广老人的深重恩情。大荒先生认为 1962 年《蒲松龄集》的出版，田明广老人应居首功。

壮年篇

抗战时期，大荒先生坚守民族气节，“丹心一片无他意，不画别花画国花”。和平时期，大荒先生为山东省的文物保护事业，踏遍了齐鲁大地的山山水水，尽到了一个文物保护专家的职责。在党和政府的支持下，他出版了《蒲松龄集》，将蒲学研究推向一个新的纪元。

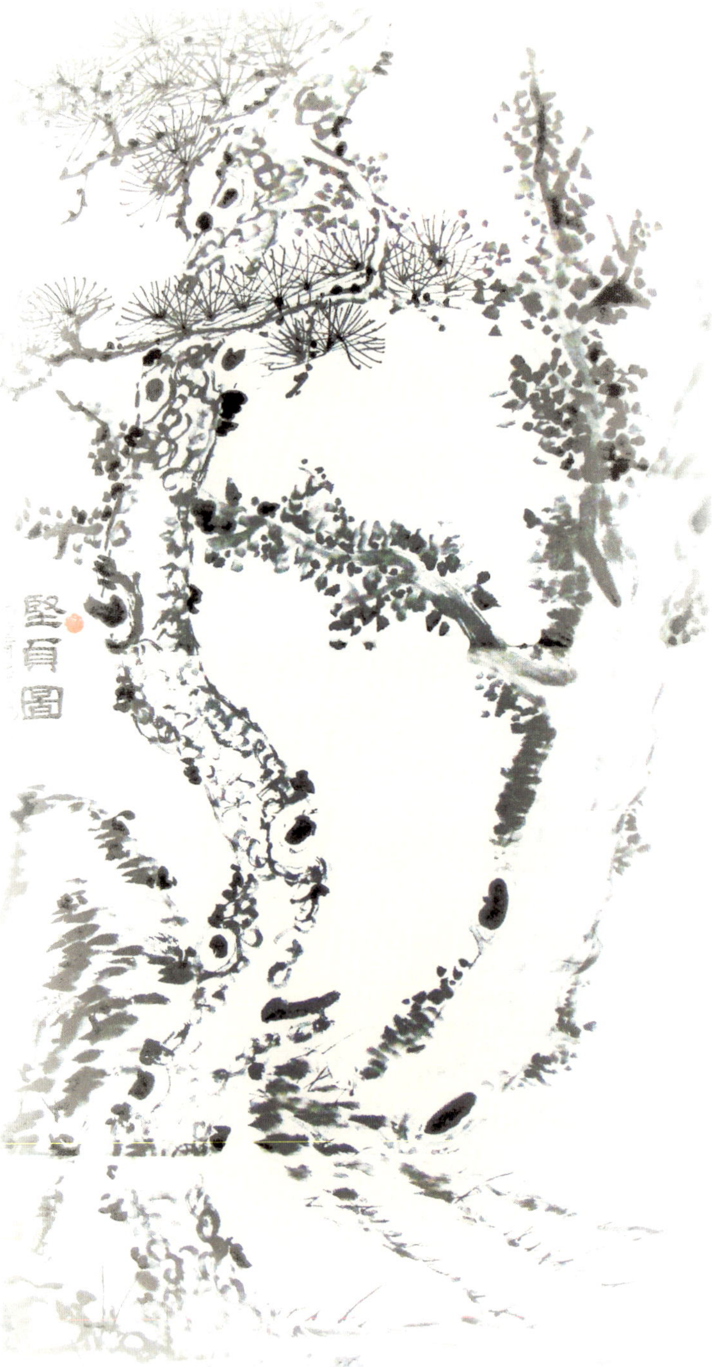
堅貞圖

一、流亡避难 书痴隐居

大荒先生在博山将珍贵的蒲氏手稿等秘藏好后，辗转经周村来到济南。为防避敌伪迫害，改用“路爱范”为名，寄居在表弟高梦周在济南的一处住所，即大明湖畔秋柳园街 18 号一座两层的小楼，开始了他的流亡生活。秋柳园原系清初著名文

抗战时期大荒先生隐居的秋柳园小楼远景

"小秋柳园"匾额

人王渔洋的故居，大荒先生在这风景宜人的僻静院落，怀着不甘做亡国奴的心情，吟诗、作画、写字、治印、舞剑、课徒，并继续着蒲氏著作的收集整理及研究。1938年，大荒先生在《戊寅历下杂记》中记述了自己身处困境中从事蒲学研究的情景：

这年重九前一日，同友人李振华、罗锦章同逛曲水亭街上的旧书肆访书，忽然发现聚古斋书肆里有《聊斋文集》六册，而索价甚昂，但囊空空如也，何能获之？即借归，灯下抄其篇目及首卷序题三篇，末卷诗四首，俟异日与我烬余者一较。抄毕，时钟已报三响矣。

还有记述购得宋眉山刻《宋书》残本的心情：

只身飘零，一息尚存，旧嗜仍未能除……购此帙，即缩两月之费收之。余家人嘲我邋遢，今竟与是帙相遇，物以类聚，其欣然欤……锦章知我装书乏资，资以由燕市选购之佳纸为我补缀装订，护书如锦章者，异日书林当又添一段佳话……舌耕无力，寄食亲友，古籍一时臻至，上苍又何待之独厚，然终不能释我生不辰之憾尔。

大荒先生隐居济南期间，以课徒、卖画、卖字或古董生意谋生，生活非常清苦。他在1939年一则日记中写道：

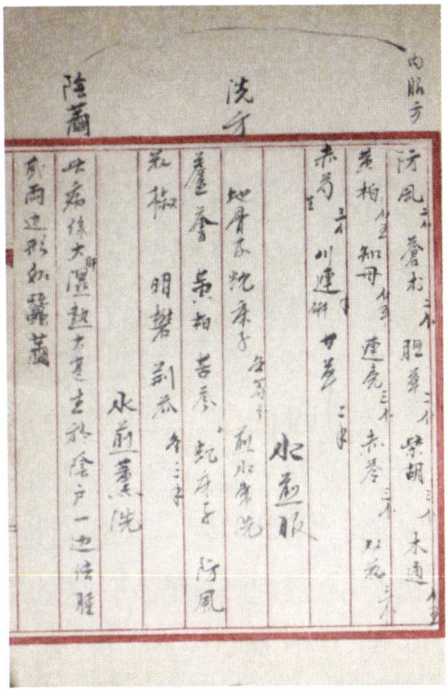

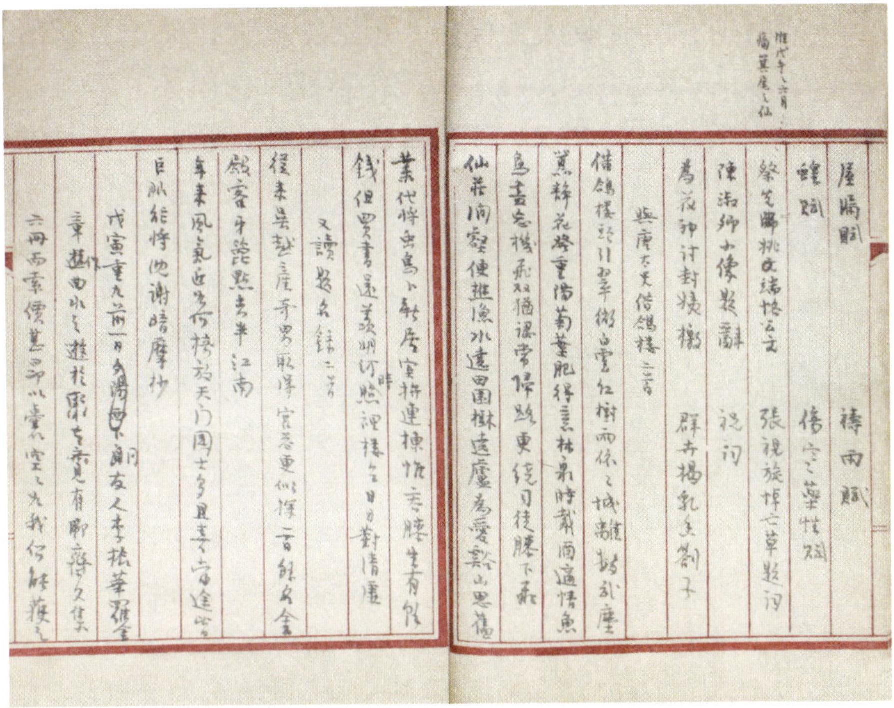

《戊寅历下杂记》书影（徐国卫藏）

于二月初三，有长山宗女弟凤仪来……即在梦周表弟寓楼设宴。竹君六妹亦欣然愿学，客中教材颇乏，遂选购活页文选数篇以作读本。深惭少时学无根底，时时恐惧有误人处。六妹亦颇解诗书，时有执经来询句问难，今考穷则深思，助我良多。挚友罗子金章安寓楼上，金章好书，近亦购藏颇多。丹铅甲乙，日无暇咎。借阅质疑亦甚便也。吾生性蠢愚，得此书宝当获益良多……

我的四伯父在回忆大荒先生时写道：“我于 1940 年秋去济南找我父亲，并与他生活了一段时间。整日里父亲鉴古董，画扇面，拾古书，弄得满地小佛，取斋名‘六朝十佛阁’。早晨我与父亲赶小市，不是去赶山水沟集，就是赴趵突泉旧书摊，赚些蝇头小利，勉强糊口。后因生活实在拮据，我才又回到乡下。”

抗战时期，尽管收入无保障，生活常拮据，大荒先生仍坚持不任日伪职务，不与日伪人士来往，宁忍受贫困而不丧失民族气节，他在一首打油诗《闲居杂感》中写道：

从无足迹八卦楼，
百花桥畔任勾留。
于今美人尽汤发，
自古名士不推头。

菜不打油诗打油，
日日看人荡轻舟。
釜无余粟书满屋，
破瓦残笺当金收。

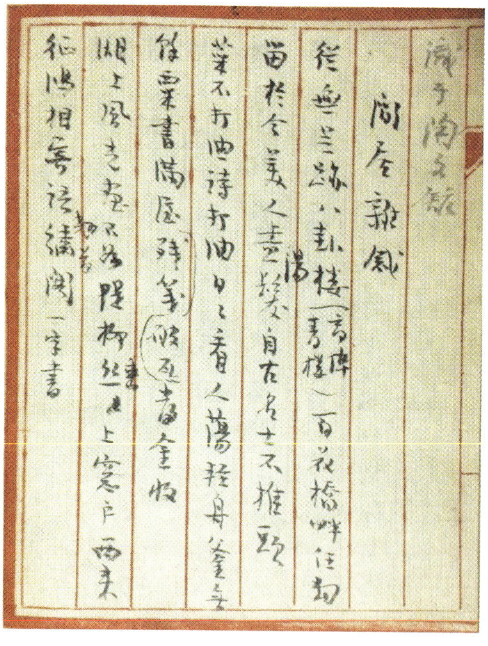

大荒先生打油诗

湖上风光画不如，
堤柳丝垂上窗户。
西来征鸿相寄语，
翘首绣闼一字书。

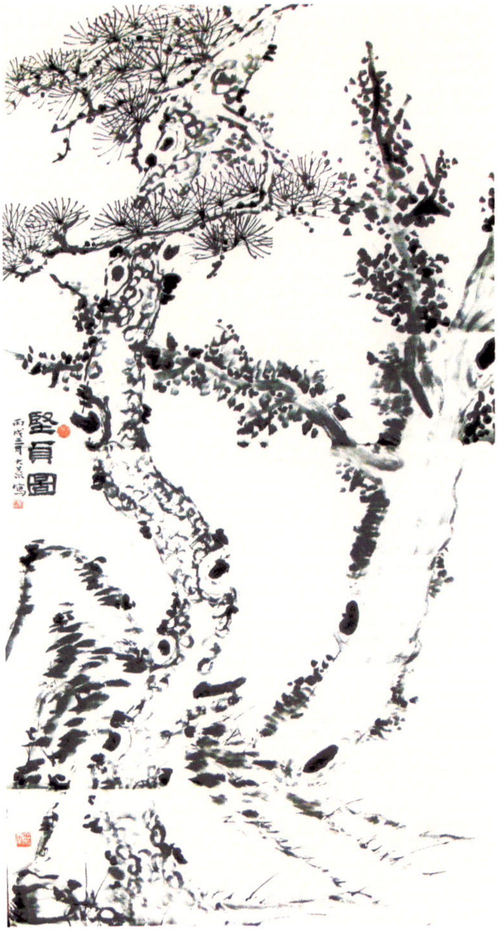

大荒先生画《坚贞图》

在家人陆续来到济南投奔后，大荒先生的生活日渐窘迫，有时吃饭揭不开锅，家人就劝他出去干点儿事情，好挣点钱补贴家用，他竟咆哮如雷，气得脸都变了色：“你们真是饿疯了，逼我去做汉奸吗？饿死都不能干！”淄博地区的日伪政府终于探听到路大荒改名隐居在济南，于是辗转带信给他，希望他回去任伪职，并许以优厚待遇。大荒先生矢口回绝：“路大荒早已不在人世，只能运尸首回去了！”有个日本古董商叫太田，得知大荒先生手中有珍贵的聊斋手稿，想用重金收购。大荒先生愤怒地告诉经纪人：“日本人死了这条心吧，给多少钱也不买，要路爱范的命倒有一条！”

日伪时期山东省伪省长唐仰杜爱好古玩字画，附庸风雅，一些没落文人市侩趋之若鹜。他获悉路大荒是文物字画鉴赏专家，曾数次请人转致仰慕之情，都被大荒先生回绝。这种态度倔强、宁死不当汉奸的硬骨头，在日伪统治下的知识分子中是难能可贵的。大荒先生在为辛弃疾画像题词时写道：

大荒先生画《东阁长春图》

宋室凌夷摇落日，
先生高举抗金旗。
九芹十论中兴策，
慷慨悲歌稼轩词。

这里不但赞美了辛弃疾崇高的民族气节，慨叹辛弃疾悲壮的遭遇，而且也借以表达出自己对前线浴血奋战的将士的颂扬，寄托忧愤之情。

大荒先生善画梅，著名画家张彦青先生在回忆大荒先生的文章中写道：

在敌伪时期，他常画梅花，偶尔也画几笔松竹借以抒怀。曾看到他在1940年画的一个墨梅扇面，自题“人比黄花瘦，李清照之句也，吾比黑花黑，又谁之句也？”其爱国愤世之情，洋溢纸上，也感人至深。还见过他那时期画的一幅红梅，上有题跋：“丹心一片无他意，不画别花画国花。”这两句话的确对他不卑躬屈膝的爱国情操，淋漓尽致地道出了真谛。

姜忠奎先生（1897—1945），山东省荣成市石岛镇姜家疃村人。1918年毕业于北京大学中文系。日军侵占青岛后，他辞去山东大学教授职务，回到姜家疃老家。1940年2月，他出任北京大学教授和国学书院教授。在此期间，日伪政府曾多次让他出任伪职，均遭到拒绝。他那爱国抗日之志引起了日军宪兵队的憎恨，1945 年 2 月 18 日，姜先生被日本宪兵队抓走，不久就惨遭杀害，是年 48 岁。我不知道姜先生与大荒先生是何时相识的，在写这本书时，无意中发现了姜先生 1943 年送给大荒先生的一幅画，上面画的是一枝傲雪凌霜的墨梅，这也是两位先生共同的爱国抗日心声吧。

大荒先生虽然客居济南，生活清苦，但强烈的爱国情结使他尽可能地参与到抗战救国行动上。在他残留的日记中夹着一张剪报，上面记载着这样一段新闻：“征集书画慰劳国军启事：兹因前方武装同志浴血抗战，争得胜利，各界纷纷慰劳，刻拟征集书画界同人，共出作品，售款全部作慰劳之用，如赞成者，盍兴乎来，作品以中堂条幅对联为限。 收件处：山东民国日报社。王墨仙、辛铸九、路大荒谨启”

大荒先生 1939 年至 1945 年在济南期间，虽然生活清苦，但与山东诸多知名学者多有来往，成就了学界的一段佳话。石谷风先生是大荒先生的忘年交，于

姜忠奎先生画《墨梅图》

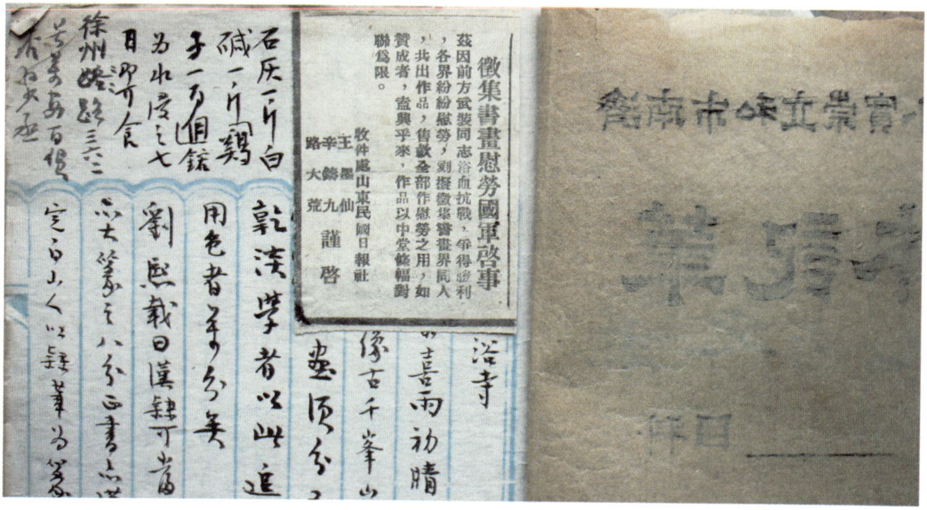

大荒先生日记中保留的剪报

1940 年来到济南，拜大荒先生为师学习文献目录、金石考古。石先生在回忆录中多次提到，他来到济南后，经大荒先生介绍，又结识了大荒先生众多的好朋友。他们有时任山东省立图书馆馆长、著名金石考古专家王献唐先生，还有老书画家刘大同先生、王讷先生、关友声先生、黑伯龙先生、弭菊田先生等。他们经常在一起品茗谈艺，乐此不疲。

当时大荒先生隔壁住着一位曾任章丘县长的吴先生，他曾写诗描述大荒先生的济南生活："避地徙居寓稷门，匿迹不登权贵堂。小住明湖秋柳园，抱膝长吟仿渔洋。经史坐拥学不倦，断简残编喜收藏。知行合一继厥德，斯文当不嗟沦亡。"

1939 年 11 月 22 日，在表弟高梦周的资助下，大荒先生携罗锦章好友作北平之游，到达北平后住化兴魁号内。此次访友，大荒先生托溥儒先生为蒲松龄手稿绘制《聊斋著书图》，并拜访傅大卣先生，与他研究元明版本的特征等。大荒先生在北平期间曾参观故宫，游赏陶然亭、北海公园等，琉璃厂旧书摊更是他的首选之地。他曾在《燕京有感》中写道：

立春天日雪不霁，别有心肠我自知。
莫把寻常景物看，古松树树表贞姿。

我亦生逢乱离年，参禅特上小西天。
漪澜望空帝子去，皇家禁院任人看。

名园风物动哀思，霜雪满天掩松枝。
巍巍宫阙入银幕，苍苍松柏岁寒时。

伟大祖国的文明古都已陷入敌手，大荒先生怎不感慨万千！他借诗词言志，自己保持民族气节，犹如负寒之松柏。

1939 年 12 月 27 日，大荒先生刚从北平归来，高梦周表弟就从博山来济南见他。最重要的是，表弟此次来济秘密携带了蒲松龄《聊斋文集》手稿，完璧归赵，将其交到了大荒先生手中。大荒先生难得地露出了久违的笑容，两人把臂畅谈。大

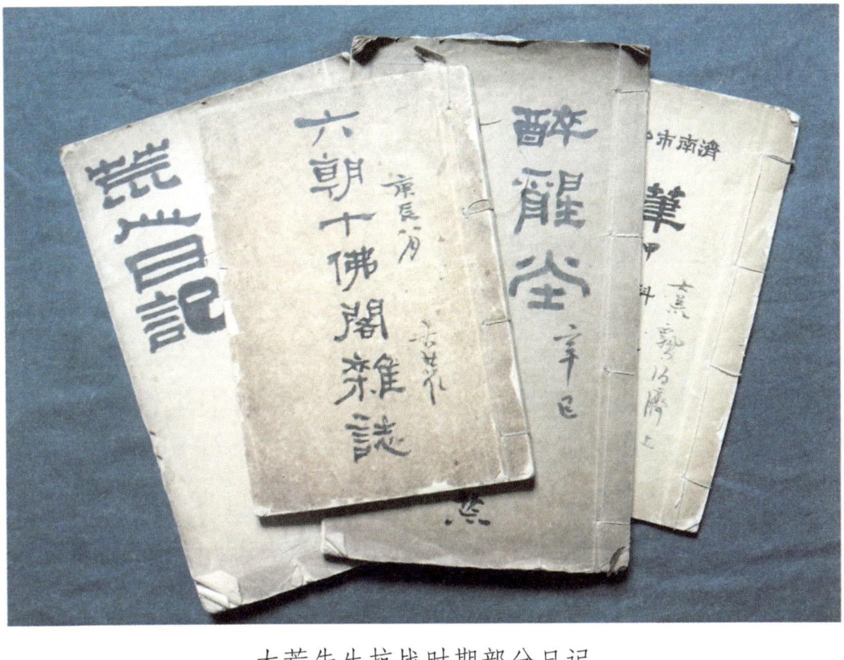

大荒先生抗战时期部分日记

荒先生曾在日记中感慨地写道：

株守书卷如蠹鱼，天牌地牌全不爱，破瓦烂铜心所珍。典衣缩食收书画，人笑我痴痴又痴，老妻劝我置田宅，弱女索我买绢丝，一见古玩都不顾，数年佣书买文钞，积得满屋尽废纸。去岁三月一劫火，眼中珍物化烟尘！当时即想一身殉，思高堂尚有白鬓亲；心如刀割奈若何？肠欲断，情深沉。再浮一大白即作了，物先故我也算好。至今只身燕市间，厂甸书肆时常走，如遇屠门一大嚼，不得含肉也快口。嗜性不改今已老，细思量还是读书好。但求烽火早日息，深山结成一草庐，一灯一砚度晚岁，且读人间未见书。吁嗟乎！人生一切如幻影，何必日日坐愁城，达人知命身无忧，我今放歌且饮酒。寄食亲友困如我，朝朝抚古三摩挲。家有高堂即是福，键户研求笑“公侯”。执笔再饮一杯酒，一杯浊酒入喉口。

此乃大荒先生“平生贫贱乐”的缩影，他向往和平，企盼将日寇早日赶出中国。这体现出他特立独行的性格，遵从古训“不事王侯，高尚其事”，保持爱国主义的崇高气节以及对蒲氏研究的执着情怀。

二、为国效力 文物保护

抗战胜利了，“路大荒”三个字终于又在社会上出现了。从1945年9月到1948年9月，由时任山东省图书馆馆长王献唐先生推荐，大荒先生到山东省图书馆任特藏部主任，主要承担有关馆藏金石的业务，也时而参与古籍善本方面的业务。这段时间，山东省图书馆开展业务举步维艰，由于经费不足，有时甚至不能按时发给员工薪金，购书费也无着落。再者，馆舍狭窄陈旧，却被驻济军队征作行辕，国民党军队先后将“山东挺进军前进指挥部”及“国民军十一战区副长官部”设在馆内。日本投降后，山东省图书馆又成为国民党联勤总部第四兵站总监部的104号仓库，所有楼下各室均存放军械弹药，门禁森严，成为军事重地，禁止读者入馆，员工也要凭证出入。这样尴尬的局面，直到济南解放后才得到根本改变。

1948年9月济南解放，年已53岁的大荒先生因其高尚的品格及渊博的学识受到了党和政府的重视，他的蒲学研究工作也得到了党和政府的鼓励与极大支持。在济南刚刚解放、战火平息、百废待举的环境下，他先后被任命为山东省图书馆整理委员会主任委员、山东省图书馆副馆长、山东省古代文物管理委员会委员。大荒先生为战后国家收藏保留传世的历史文物、征集散落在民间的图书并接收敌伪机关团体所存图书文物等工作，紧张地忙碌着。他认为为新中国效力的时刻到了，必须努力工作。当时接收敌伪机关团体图书文物的工作非常繁忙，需

济南解放前山东省图书馆大门

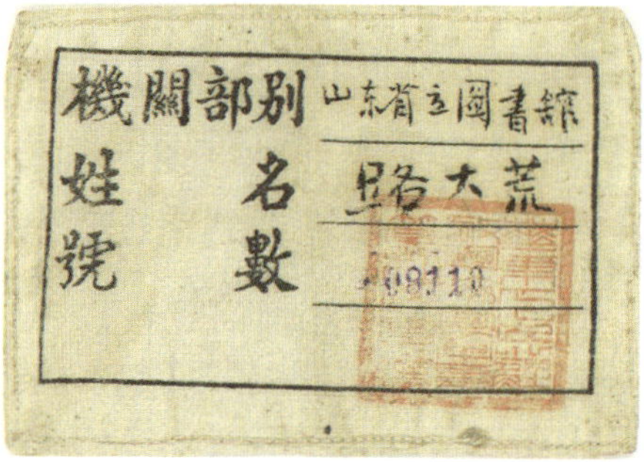

大荒先生在军管会时佩戴的臂章

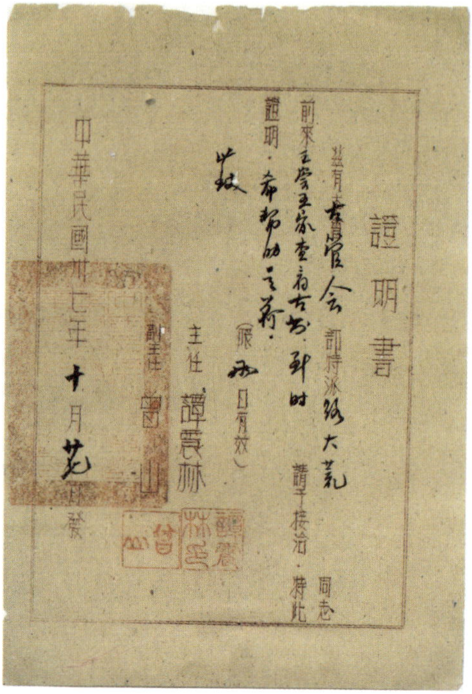

證明書

茲有古管会部特派路大荒同志前来王崇五家查看古书，到时请予接洽。特此證明，希帮助是荷。此致

（限 日有效）

主任 譚震林
副主任 曾山

中華民國卅七年十月廿七日發

时任华中野战军第一副政委的谭震林签发的证明书

要做大量的工作。至今我们家里还保留着大荒先生华东军管会的臂章以及时任华中野战军第一副政委谭震林签发的证明书，上面写道：“兹有古管会部特派路大荒同志前来王崇五家查看古书，到时请予接洽。特此证明，希帮助是荷。此致　主任谭震林，副主任曾山。中华民国卅七年十月廿七日发。”

1950年，王献唐先生从大后方归来。鉴于山东作为一个文物大省，文物保护的工作迫在眉睫，在王献唐先生的直接邀请下，大荒先生于该年调任山东省古代文物管理委员会委员，专职从事山东省的文物保护工作。据时任山东省古代文物管理委员会秘书、党支部副书记宋协明同志回忆：

我们党和国家一向重视文物的保护和管理工作。我省早在解放前夕，于1948年就成立了山东省古代文物管理委员会。省文管会第一任主任由华东局副秘书长吴仲超同志兼职。北平解放后，吴仲超同志被调任故宫博物院院长，由山东省人民政府副秘书长杨希文兼省文管会主任。省文管会的主要任务是：收藏保管传世的历史文物，并接收敌伪机关、团体所存文物，以及收集社会上的流散文物等。

当时山东省古代文物管理委员会委员多半是民主人士及各有专长的知识分子、专家。他们包括路大荒、张敬斋、王林肯、张天云、李季华、郑亦桥、李既陶、杜显震、杨子范等。山东省人民政府为了团结这些有识之士，发挥他们的作用，在生活工作等方面均给予了特别照顾，每位委员都配备了警卫员，当时的业务工作主要是依靠这些各有专长的知识分子、专家去做。

大荒先生1950—1959年在山东省古代文物管理委员会任职期间，与其他专家一起，踏遍了山东的山山水水，多次到山东各文化遗址进行考察、调研、文物鉴定分类及修复工作。齐长城遗址的考察与确立，柳埠四门塔的抢救性修葺，长清孝堂山石室的保护，泰山古建筑群的考察与修复，三孔古建筑文物群及文物的考察、清点与保护，灵岩寺千佛殿整修与宋塑罗汉的保护，蓬莱阁古建筑群的考察，胶东地区古建筑群的考察调研……山东各地的古建筑文物地点都留下了大荒先生的足迹。1959年3月3日，同在山东省古代文物管理委员会工作的李既陶先生给大荒先生的信中谈道："泰安、兖州，连同曲阜已按预定的计划办了，老杨回省后方能再去灵岩、孝堂山等处，就是不担任其他也够紧的，但不知他们几日可以归来了？您和范工程师何日可以西返？……"从信中可以看出当时的工作日程安排得非常紧凑，但古代文物管理委员会的专家们毫无怨言，全力以赴地投入到新中国的文物保护工作中去。

1959 年 4 月大荒先生与李既陶、范征一先生合影

（一）曲阜三孔古建筑群及文物考察、清点与保护

1951 年 2 月，曲阜县政府组成文物清点委员会，全面清查文物。山东省古代文物管理委员会派路大荒、李既陶、杜显震、杨子范等先生参加。在大荒先生的日记中，我们可以看到曲阜文物清查的点点滴滴。“四月十七日上午十一时王稼终同南开大学教授刘效桢（高士能）来曲阜，刘为古代工程专家，十八年同梁思成来曲阜考察过……四月十八日……大成殿东头中间檐已坏甚，东南下檐角更坏……四月十九日，西南第一碑亭内西南柱已腐朽，因此上顶西南角已陷落，斗拱有缺处。……

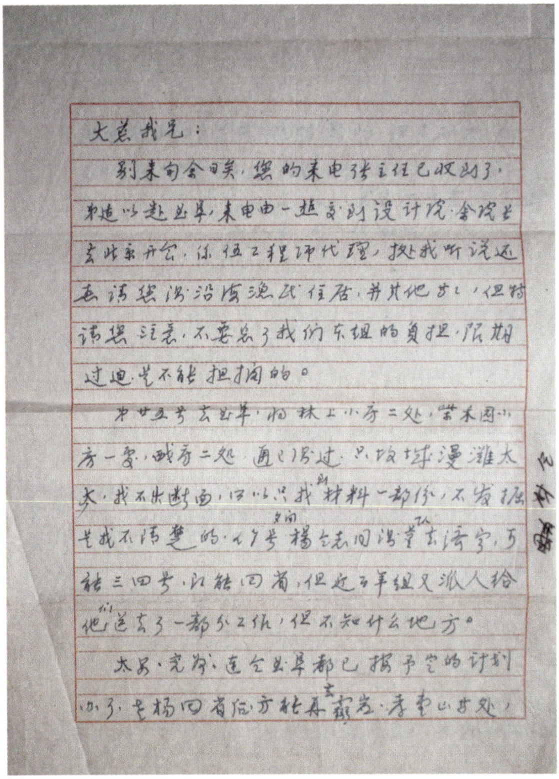

大荒我兄：

别来旬余日矣，您的来电张主任已收到了。本造以赴曲阜，来电由一组交到设计院。余院长去北京开会，係伍工程师代理，据我所说还去请您沿沿海渔民住居，并其他等等，但特请您注意，不要忘了我们东组的负担，限期过迫，是不能担搁的。

本廿五号去曲阜，将林上小房二处，崇木园小房一处，戏房二处，通通得过，只坟墙漫滩太大，我不能断面，所以只找材料一部份，不发据是我不清楚的。七号杨技术员回济，董去济宁，于转三四号，只能回省，但近工作组又派人给他送去了一部分工作，但不知什么地方。

太安、兖州、连全曲阜都已按予定的计划做了，老杨回省后方转赴嘉祥、齐东以西处，

李既陶先生给大荒先生的信

唐碑亭子为宋时物，金碑亭为金时物，元碑亭为元时物，九号亭须重修，家庙前石香炉为金时物。四月二十日，重绩殿为明弘治年修建，礼堂明建后重修上梁有腐朽的。承圣门元时建，后面上柱已漏坏，神庀东屋后两檐角已坏需重修，东北角上有小树，庀大门应重修。后土祠西墙已斜。圣迹殿明朝物。……”

大荒先生孔子故宅花瓣题字

从大荒先生的日记可以看出，他们的工作是非常认真的，环境也是很简陋的。三孔古建筑群经过了历次战乱，已经破败不堪，文物也是杂乱无章。经过文物清点委员会的努力工作，将孔府馆藏文物初步分为珍贵文物和一般文物两类。该年，大荒先生为孔府撰写对联一副：“共产主义世世好，社会主义日日新。”1952年3月至6月，山东省古代文物管理委员会又派大荒先生等人来曲阜，对曲

阜县征集和捐献的文物进行鉴定分类。1956 年 6 月，国家文物局派单士元先生、李洪庆先生与山东省古代文物管理委员会路大荒先生、李既陶先生来到曲阜，将孔府馆藏文物鉴定划分为 33 个品类。是年，大荒先生撰文《山东文物管理处整理曲阜“孔府”所存历代衣服文物》，发表在《文物参考资料》总第 72 期。

（二）齐长城遗址考察与确立

1952 年，大荒先生数次到淄博考察齐长城遗址，亲自登上双雄山、凤凰山西麓以及围屏山等遗迹进行深入调查。经过大量考证，他认为博山地处齐长城所经之地，确切无疑。

在大荒先生残存的日记中，仍能找到一些当时的记载：

九月十日……交博山境长城更清楚，太山固山沟有长城。江庄有长城陵。淄川大昆仑车站下，粮库门前有宋宣和间墓志一方。……十月五日下午赴博山，下午九时到，即住文化馆。……七日赴淄川午上小顶门外，东西山长城如土岭。八日早六点半赴县局，转固山小顶下，二点回市。十一日上午到双嘴山，风门口有咸丰十一年重修长收岭碑。

围平山长城碎石资料照片

小顶齐长城资料照片

城□延至山顶，但地基为凹地，转甲山（夹山贤台）经天门山岭，至七点回市。十二日天晴。十三日早六点转甲山，青石关山洞外（十二点半）。雍正十三年修路碑，万历三十五年重修路碑在山洞外。下二点至马棚……有明万历修路碑。下午四点回市。十四日赴淄川。十五日早赴围平山长城旧址，情况与小顶同。东西由山下至顶二里，乱石堆成山，在苏家湾北。……十八日早七点赴益都过昌城。十九日赴大关，因雨住辛庄。廿日……沂水东北龙山有长城旧址，关东西皆长城遗址，已乱石□成，但风化为砂。西山当有一段墙根基，关东西皆名长城岭。廿一日早赴大关，关前单亭村西山上有城址，上有松树，大关前有峋石造像。七点到大关。晚住益都站。夜二点坐车回济。

一九五三年五月廿九日赴小顶考长城中段（按指古代齐国长城），横十一米，高五米半，西小关门横十四米，高二米半。又西一段横十七米，高二米。

七月十七日早十一时到孝里铺长清十区公所与魏同志接洽，防头郑庆昆南头长城有当水之说。广里长城有牛栏山之称，防头在陶山后。广里前有黄命山，广里距河崖十五里，长城在大峰山上。东张大明寺嘉靖碑云东张里，广里东北土筑城基显著，宽约廿尺，高约五尺，俗名定头。……

王献唐先生曾专门写信对大荒先生的齐长城研究提出自己的建议，具体如下：

我过去对长城的看法：第一是先修西段，后修东段；第二是西段防鲁，东段防楚，并不和北京历史博物馆来函所说，一律为战国修筑。（我替你查了一点书，约如上述，但未留稿，请你把此稿留着）

不过以上只是我个人的意见，过去一些人考长城的一

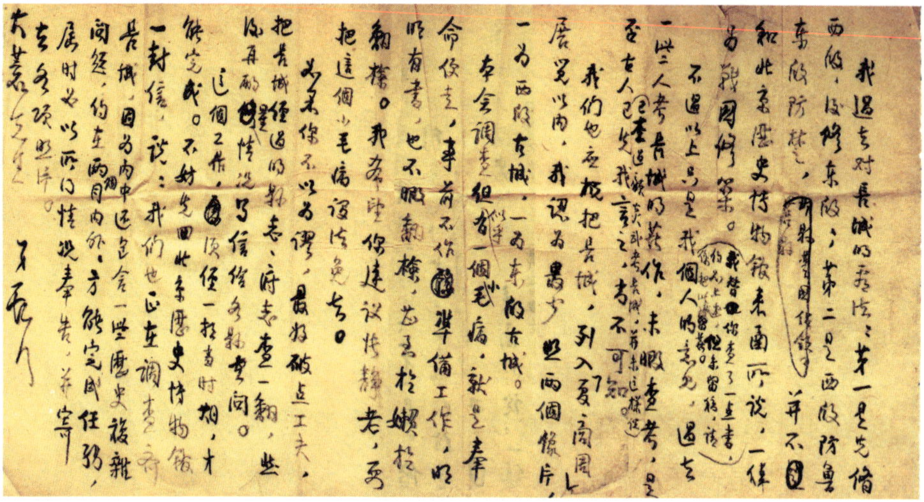

王献唐先生写给大荒先生的信札

些著作，未暇查考，是否古人已先我言之，尚不可知。（已查过顾炎武考长城，并未这样说）

我们也应概把长城，列入“夏商周”展览以内，我认为最少照两个像片，一为西段古城，一为东段古城。

本会调查组似乎有一个小毛病，就是奉命便走，事前不作准备工作，明明有书，也不暇翻检，甚至于懒于翻检。我希望你建议张静老，要把这个小毛病设法免去。

如果你不以为谬，最好破点工夫，把长城经过的县志、府志查一翻，然后再酌量情况写信给各县去问。

这个工作，须经一相当时期，才能完成。不妨先回北京历史博物馆一封信，说：我们也正在调查齐长城，因为内中还包含一些历史复杂问题，约在两个月内外，方能完成任务，届时必以所得情况奉告，并寄去各项照片。

大荒先生

弟献唐

由此信札可见，作为学术研究的知己，王献唐先生建议大荒先生在考察齐长城遗址的同时，要多留意文献记载。大荒先生与王献唐先生可谓“心有灵犀”，他于1954年6月撰写的《齐国长城勘查备忘录》中，首先对战国时期以及历代关于齐国长城的记载做了全面的论述，并将此次实地考察齐长城的面貌做了大概的介绍，亲手绘制了齐长城草图。他在文章中写道：

> 现在经过实地勘查，齐国长城尚可见者：自平阴防门，修长城处名广里，方峪北有长城，方峪距广里十里。长清十区的防头（孝里铺）南头长城有当水之说。广里长城有牛栏山之称。防头在陶山后，广里前有黄命山，广里距河崖十五里，长城在大峰山上。东张大明寺嘉靖碑亦云东张里。广里东北土筑城基显著，宽约二十尺，高五尺长，约里许，俗称定头。济南市五区大金家庄西北峨眉山亦有古遗址。依山势培高修堑沟，为古之齐国西段主要建筑形式。趋泰安接泰山山脉经北冈阜距柳埠泉三十里，雁洪峪林场

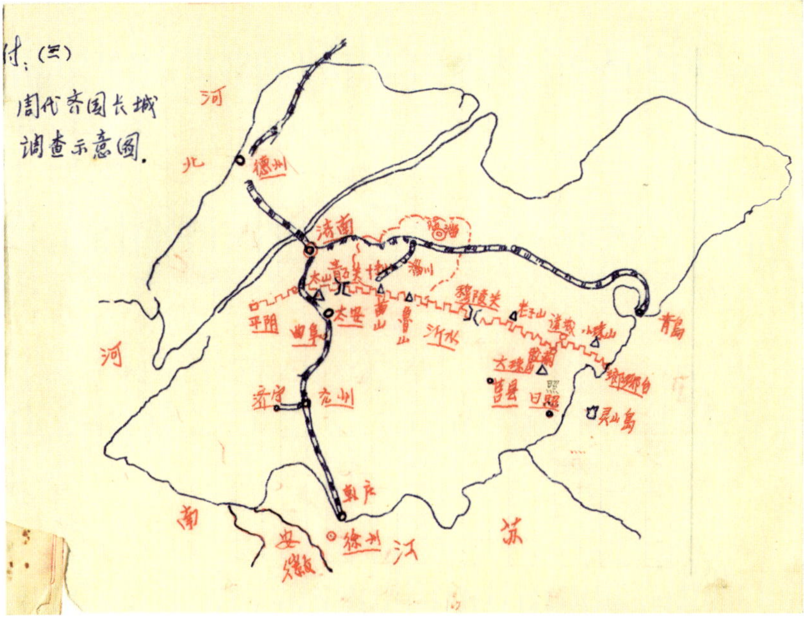

大荒先生手绘齐长城草图

有长城岭、马跑泉等地址，为长城的旧址。直至莱芜县城，有青石关，门阙尚可见。山洞外有明万历三十五年重修碑、清雍正十三年重修碑。山口陡壁，形势险峻。古属青州颜神镇。进博山长城中端更加清楚。泰山崮山沟有长城旧址。江庄有长城陵。细察之，小顶外（凤凰山）东西长城如土岭，横十一米，高五米，西小关门横十四米，高二米。又西一段横十七米，高一米五。略近淄川边境甲山经天门山、双嘴山、风门口城垛至山顶，但根基多在凹地。过石炭坞通沂水，沂水东北有长城旧址，延伸至穆陵关，关有门阙遗址。长城旧址已变乱石堆，而风化成砂砾。西山尚有一

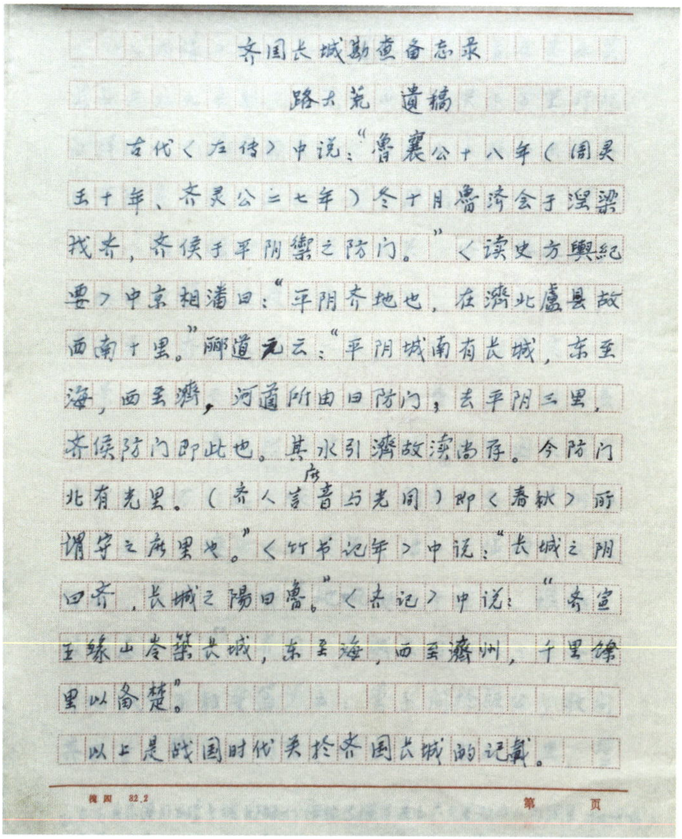
齐国长城勘查备忘录

路大荒 遗稿

古代〈左传〉中说："鲁襄公十八年（周灵王十年、齐灵公二七年）冬十月鲁济会于湨梁伐齐，齐侯于平阴塹之防门。"〈读史方舆纪要〉中京相璠曰："平阴齐地也，在济北卢县故西南十里。"郦道元云："平阴城南有长城，东至海，西至济，河道所由曰防门，去平阴三里，齐侯防门即此也。其水引济故渎尚存。今防门北有光里。（齐人言庌音与光同）即〈春秋〉所谓守之庌里也。"〈竹书纪年〉中说："长城之阴曰齐，长城之阳曰鲁。"〈齐记〉中说："齐宣王缘山谷筑长城，东至海，西至济州，千里馀里以备楚。"

以上是战国时代关於齐国长城的记载。

魏四 82.2 第 页

大荒先生遗稿《齐国长城勘查备忘录》

段根基，当地叫长城岭。益都大关前草亭村西山上有城旧址。上面长有松树，有峋石造像。自此齐国长城从莒县入胶州境内依稀可辨。

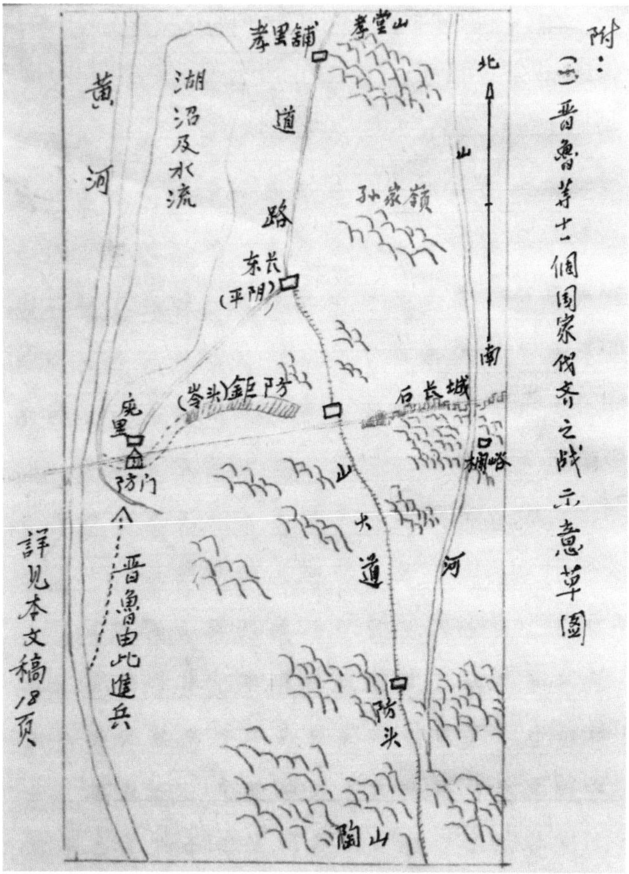

大荒先生手绘晋鲁等十一个国家伐齐之战示意草图

此次齐长城遗址的考察，是新中国成立以来第一次全面细致的考察。摸清了齐长城的分布、齐长城目前存在的状况，为今后齐长城的修复维护提供了翔实的资料。1955年，大荒先生撰文《山东周代的齐国长城》，发表在《中国史学会济南分会会刊》上，首次对外公布了齐长城的详细资料。

（三）泰山古建筑群考察与修复

在泰山古建筑群的考察、修复及整理中，大荒先生倾注了大量的心血。听我父亲多次谈起，在泰山古建筑群考察修复过程中，大荒先生凭着年轻时锻炼的健康体魄，几乎每天泰山上下一个来回，每座古建筑的修复工作他都事必躬亲，在现场甚至与工人们一起修整，以求达到最好的效果。

在仅存的不完整的资料中，我们可以看到大荒先生通过对泰山古建筑群进行全面的考察后，对文物修复做了细致的整体规划，并亲笔写下了提纲：

五八年的修建山上岱顶工程：（1）整理天阶（自南天门至碧霞祠一段道路，加以开阔和平治）；（2）整修岱顶孔子庙（包括大门、正殿、东西殿、大门前台阶）；（3）整修南天门；（4）整修自松亭至刁枝盘二段的盘路。修建岱庙工程：（1）整修配天门（包括太尉殿、三灵侯殿）；（2）修建碑亭包括汉碑、汉堂及迁移灵应宫铜亭、铜像）；（3）增设庙院内游人座位及茶社花园。

五九年修建山上工程：修整壶天阁、玉皇庙。岱庙工程：（1）修建延禧门、正阳门；（2）整修遥参亭（大门正殿、方亭、配房、后门、垣墙）。

六〇年修建山上工程：整修中天门下一段盘路，增建盘路两旁游人休息亭舍。整修山上工

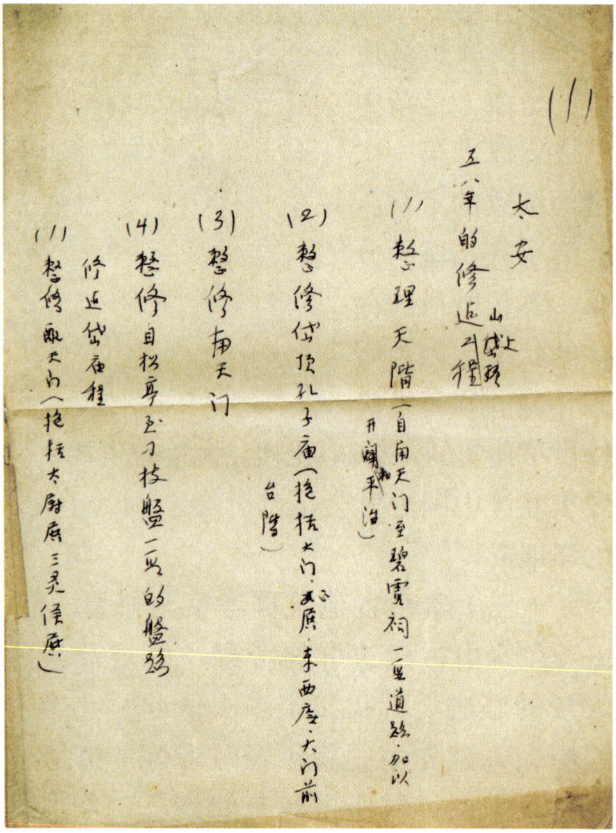

大荒先生手写泰山修整规划草稿

程：（1）整修天街坊；（2）整修红门宫庙宇。岱庙工程：整修后寝宫，正、中、西三殿；整修东御座全院。

六三年（第三个五年计划）泰山工程：整修中盘路桥梁亭阁。

六四年泰山工程：整修西盘路、烈士祠、三尚观、五贤祠、无极庙、桥梁亭阁……

泰山作为世界文化与自然双重遗产，现已成为国内外游客趋之若鹜的旅游胜地。每次在泰山游览时，我心中总会升起一种亲切和自豪的情感，因为大荒先生为泰山古建筑群的修复整理、为齐鲁文化的发扬光大做出过应有的贡献。

（四）柳埠四门塔的抢救性保护

位于济南历城区柳埠镇东北 4 公里处的四门塔是全国重点文物保护单位，是中国现存唯一的隋代石塔，建于隋大业七年（611），距今已有 1400 多年的历史。四门塔是中国现存最早的全石结构佛教塔，全以青石砌成，是中国现存最早、保存最完整的单层庭阁式石塔，亦是现存最早的亭式塔。四门塔原属神通寺，该寺始建于前秦皇始元年（351），是山东境内最早的寺庙，后来庙宇毁于清末大火，只剩下四门塔、龙虎塔、九顶塔、墓塔林、摩崖造像等佛教遗址。

到了 20 世纪 50 年代初，四门塔塔身已经开裂，内部的石梁也已倾斜，随时都有倒塌的危险。当时正处于建国初期，百废待兴，各种经费非常紧张。且四门塔位于荒郊野外，条件异常简陋。刚到山东省古代文物管理委员会工作不久的大荒先生亲自带领工人，因陋就简，就在四门塔旁打铁施工。围绕塔身外墙加了三条铁箍,并在塔内用石柱顶住快要掉落的三角石梁，为将来全面修复四门塔奠定了基础。著名画家张鹤云先生曾赠一幅国画给大荒先生，将大荒先生考察四门塔的情景生动地画了出来，并赋诗一首：

昆嵛山前归暮鸦，胜迹犹存四门塔。
蔓草荒烟凭吊者，唯有一二考古家。

张鹤云先生为大荒先生画《柳埠四门塔考古图》

（五）孝堂山郭氏墓石祠的修复保护

郭氏墓石祠位于山东省济南市长清区孝里铺南的孝堂山顶，是中国东汉墓地祠堂，是中国现存最早的室外石筑石刻房屋建筑。祠内石壁和石梁上遍布精美的线刻图画，具有较高的历史和艺术价值。

早在20世纪50年代初期，大荒先生就到孝堂山对石室进行了详细的实地考察。依史料记载，孝堂山石室自汉代以来就是名胜古迹。郦道元《水经注》对郭氏墓石祠已有记载，称之为“孝子堂”。唐代开始在祠堂周围修建庙宇。北宋赵明诚的《金石录》对此也有著录。明、清两代屡次修缮，乾隆三十二年（1767）曾经大修祠堂附属庙宇，石室外也曾有覆室进行保护。但经过历次战争的炮火和破坏，到了新中国成立初期，覆室已不复存在，孝堂山石室在露天地里，任凭风吹雨淋。

大荒先生赴孝堂山考察时的日记中写道：“一九五二年七月廿四日赴孝堂山，返回，廿五日赴孝堂。石室高一公尺七，脊八公寸，长四公尺，宽三公尺。”大荒先生对石室进行了详细的实地考察后，写出了《孝堂山石室资料》，对石室形制、尺寸、建筑特点及满刻的画像内容等做了详细的介绍，称“实为研究东汉社会的宝贵资料”，并申请文物修复经费，重建了石室外的覆室，对石室进行了实质性的保护。1961 年，孝堂山郭氏墓石祠被中华人民共和国国务院公布为全国重点文物保护单位。

大荒先生在考察途中

（六）胶东古建筑群的考察调研

在胶东古建筑群的考察调研中，同样有大荒先生忙碌的身影。在胶东古建筑群的考察过程中，大荒先生在日记中写道：

20世纪50年代蓬莱阁东面远景

20世纪50年代戚继光祠堂正厅

一九五二年五月十八日晚十点，到青岛住三益栈127号房间。……廿二日公安通知早九有台风。……下午六点即专东赴登迎村（距十六里）。晚住村西头小学校。廿三日赴朝海院聚仙宫。……廿五日早九点乘车王哥庄，十点半到诺村，在山的东北村外（即行廿里）至小黄山，经全龙子岭□羊口转经山径，约三里至华严寺。该寺门外有竹梅，依山建筑，势甚宏大。内三院为明代建。传为于七出家至此……阁已漏甚多，屋瓦已有脱动的，外房多坍塌，内院尚整……廿六日，日出到塔院，有康熙三年（第一代）

慈霭塔（于七名善和），反岭后南里余有海观亭，民国二十二年沈鸿烈建。此处可观海。下午一点至太清宫（下清宫）西院祀三宣殿，有元碑、李道谦碑二件……下午八点半返华严。卅日天阴，九点至汽车站会合往法海寺。寺为古代建筑，民国廿四年重修。正殿三间甚新，后殿脊漏，东院住房半毁。前有银杏二株，东一株甚古。院有果树甚多。有地二亩多。……前有碑亭二，东为元太定间，西不可辨。寺宏大，寺西有砖塔，似宋代石塔……

20 世纪 50 年代胶东古村落

20 世纪 50 年代在蓬莱西关东街上的石碑坊老照片

大荒先生曾在 1959 年亲笔写下《在建国十年来山东省的建筑成就收集资料参考提纲——建筑教育、科研及在建、维修等方面的汇报》，可惜经过了半个多世纪，只留下其中的一小部分。大荒先生写道：

（一）长清孝堂山汉石室，原有覆室经国民党破坏了。经我们重建覆室，以资保护。（有照片，如不在处内，可能在博物馆）

（二）历城县柳埠北魏时代的四门塔年久失修，门陷墙裂，经我们内支石柱，外加铁箍，并除上顶杂树。（本处有照片）

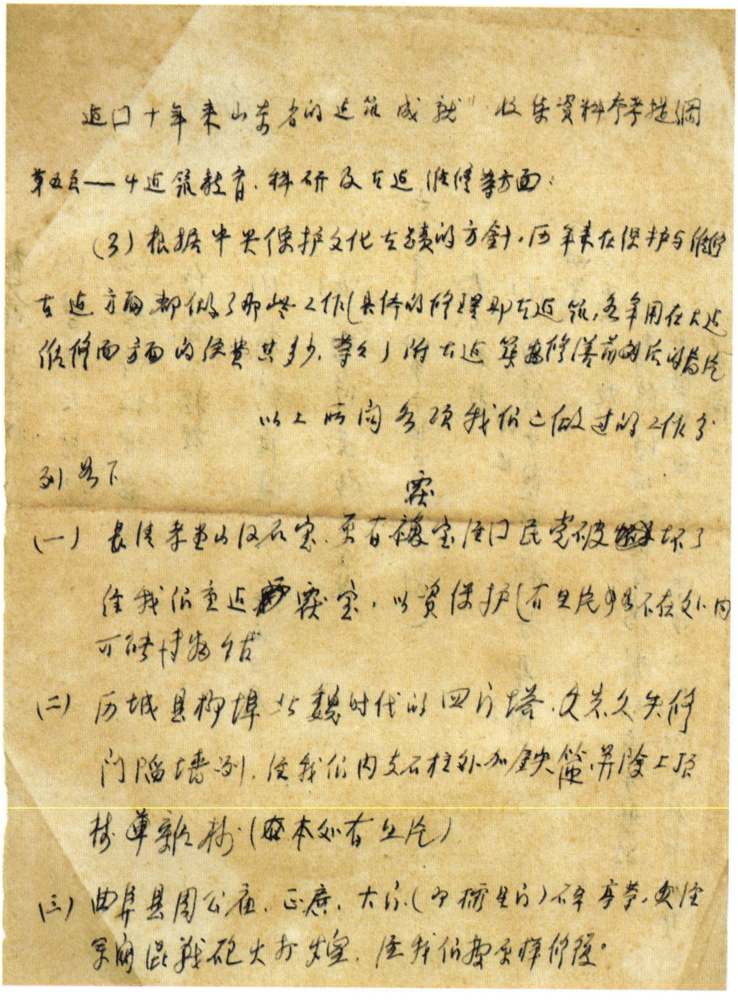
"建国十年来山东省的建筑成就"收集资料参考提纲

第五点——古建筑教育、科研及古建维修等方面：

（3）根据中央保护文化古迹的方针，历年来在保护与维修古建方面都做了那些工作（具体的修理那些古建筑，每年用在古建维修方面的经费共多少，举出几个古建筑整修（修前修后的照片

以上两项多项我们已做过的工作分别如下

（一）长清孝堂山汉石室，原有覆室经国民党破坏了，经我们重建覆室，以资保护（有照片如不在处内可能在博物馆

（二）历城县柳埠北魏时代的四门塔，年久失修，门陷墙裂，经我们内支石柱，外加铁箍，并除上顶杂树（本处有照片）

（三）曲阜县周公庙、颜庙、大[illegible]（[illegible]）[illegible]，受[illegible]砲火打[illegible]，经我们[illegible]修缮。

大荒先生手写建国十周年古建筑修复汇报草稿

（三）曲阜县周公庙，正殿、大门（即棂星门）、碑亭等，经军阀混战，炮火打毁，经我们按原样修复。

……

三、蒲氏故居 修复重建

新中国成立后，百废待举，党中央决定对我国灿烂的古代名著进行系统整理并发掘。在此背景下，1952 年冬天，时任中共中央宣传部部长周扬同志来到济南，并亲切接见了大荒先生，嘱咐大荒先生要继续整理收集蒲松龄著作。这对 57 岁的大荒先生来说，是一个莫大的鼓舞及鞭策。他以极大的热情投入到蒲氏著作的整理及蒲松龄故居等一系列修复工作中去。在山东省人民政府的委托下，大荒先生与当时在山东省文联工作的陶钝先生一起前往淄川蒲家庄，成立蒲松龄故居筹建委员会，并着手故居的重建工作。蒲松龄故居的修复重建是他的夙愿，现在在党和政府的支持下即将得以实现，大荒先生踌躇满志。

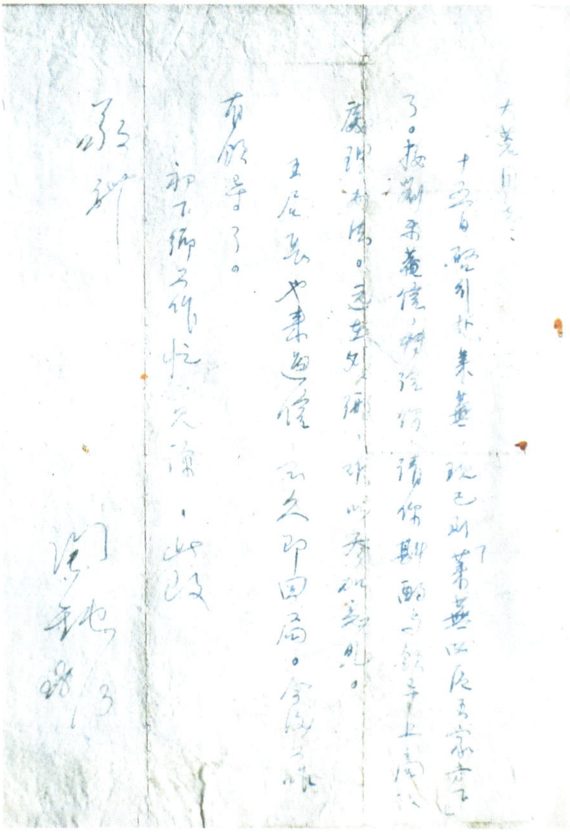

陶钝先生给大荒先生的信函

蒲松龄故居旧址因其九世孙蒲文魁参加抗日游击队而被日寇摧毁，蒲文魁携全家迁往东北，这里仅剩下残垣断壁。这次故居的修复重建可以说是从零开始。修复工作就从故居及墓地确定入手。从大荒先生 1953 年的日记中可以看出，当时工作是相当严谨的："二月十二日，（1）北屋三间，东西屋二间，小西屋一间（厨房），栏一间。（2）林东西 50 步，南北 50 步。墓东北向（地约二亩），到蒲家看林宅。（3）蒲英弟、其云、年秀、文宣、文琪、人润等八人管理委员。""廿二日陶钝同志来访，即交他蒲松龄画像摄影论文稿一件。""廿五日，早见陶钝同志并见王局长谈修林墓修葺抄遗等费。"

张彦青先生是我省著名的书画家及教育家，亦是大荒先生的挚友，他们的友谊就是从参加蒲松龄故居的筹建工作开始的。1956 年春，张彦青先生到大荒先生处报到，当时领导交给他

张彦青先生画《蒲氏故居图》

的任务，是协助大荒先生搜集有关蒲松龄先生的文物，并搞好纪念馆的扩建和展品艺术上的陈列布置。

张彦青先生在回忆文章中写道，他到蒲家庄报到时，故居的房屋和墓地上的碑楼已经竣工。他们立即开始筹集有关文物资料，转入陈列布置的第二个工作阶段。地方上配合工作的是博山市文化局的吴局长和淄川县文教科刘科长，此后博山市文化局还派来了大昆仑文化站的鲁童。

大荒先生一行人在蒲家庄工作时，住在洪山矿务局。在蒲家庄临时落脚的地方，则是蒲文琪私人经营的一个小药铺。蒲文琪是世传的乡村中医大夫，系蒲松龄后人，读过几年私塾，收藏了不少蒲氏著作。他对于筹建蒲松龄纪念馆一事非常热心，所以被选为故居筹建委员会的副主任，他的小药铺也就成了委员会的办公地点了。张彦青先生参加过两次委员会，参加的委员是路大荒、蒲文琪、蒲人润、蒲文会、蒲文友、蒲珠章、蒲英叔、蒲素梅（女）、蒲玉美（女）。除大荒先生外，他们都是蒲松龄的后人，也都是热心的积极分子。

他们还召开了两次熟悉蒲松龄遗留文物资料情况的群众会。在会上，大家提供了不少蒲松龄手稿、传抄稿及蒲氏各种著作的抄本版本的线索，这些多半是留在博山、淄川两县群众手中的。会后他们根据线索分头到群众中去征集，而且征集到了许多珍贵的资料。下面就是当年开提供线索会的原始记录片段摘抄：

> 蒲文琪：我拿来省庄王洪远保存的、王璞斋手抄的聊斋词曲一部，共十本。杨庄蒲英林收藏的文集、诗集、《日用俗字》、《蓬莱宴》、《东郭传》，共十七本。本庄东头蒲英怀捐《行云曲》一本。蒲章申捐了十九本，内有《穷汉词》。东关（淄川）王竹屏捐《聊斋遗集》一本。
>
> 蒲英坛：我有借的何书堂《寒森曲》抄本一部。

蒲文一：我有《农桑经》抄本一本，现在合作社。

蒲文琪：我有聊斋诗草，系墨迹共十张。《会天意》系抄本，不详年代。蒲松龄和渔洋廿四韵，最近没看到，还要找找。祖传的砚台一方，这些都可以捐出来。

蒲美英：韩少文有一部石印《聊斋》，土屋杨长福、杨长寿处有一部木版《聊斋》。

蒲文琪：淄川城内朱姓是个卖杂货的，藏有《慈悲曲》一本，文集两本，画一张。廿六日我拟去杨庄找蒲文起，蒲琳章托他们去找。孤山、坡地两个村子可以再去征集一下。省庄王洪远手中有《翻魇殃》。西省庄闫文韶可能有点东西。

蒲文教：听说蒲炜章带了本《墙头记》去济南，蒲灿章处有一本《学官嘲》，一本上册《富贵神仙》，蒲训章谈到他家里可能还有点东西。

蒲文琪：蒲剑华捐了一本自己保存的文集。另外建议，可以吸收洪山第二小学校长蒲玉水作为筹建保管委员。

从以上的记录资料来看，现在蒲松龄纪念馆的著作陈列品，许多都是群众多年来世代保存、非常珍贵的文物。从这些陈列品中也可以看出群众对蒲松龄著作无比的热爱和珍惜。

搜集纪念馆的有关家具和与蒲松龄有关的文物工作也同时展开。蒲氏生前很清苦，经过历代的战乱，所以在蒲家庄只存了他的一张画像，别无他物。因为蒲松龄一生大部分的时光是在西铺村（毕家庄）毕家教书度过的，所以他们到西铺毕家后人处去征集，还是正确的。当时人们传说西铺流行麻风病，所以他们不敢在那里吃饭，甚至连水也不敢喝一口。这里距王村两华里，他们就在王村区委内搭伙，晚上睡在镇东首的澡堂里，每天忙忙碌碌，早出晚归洗个澡，倒还惬意。

西铺毕家在明、清两代曾出过两个户部尚书，蒲松龄在他家教

毕自严故居二门

毕自严故居蝴蝶松

毕自严故居石隐园

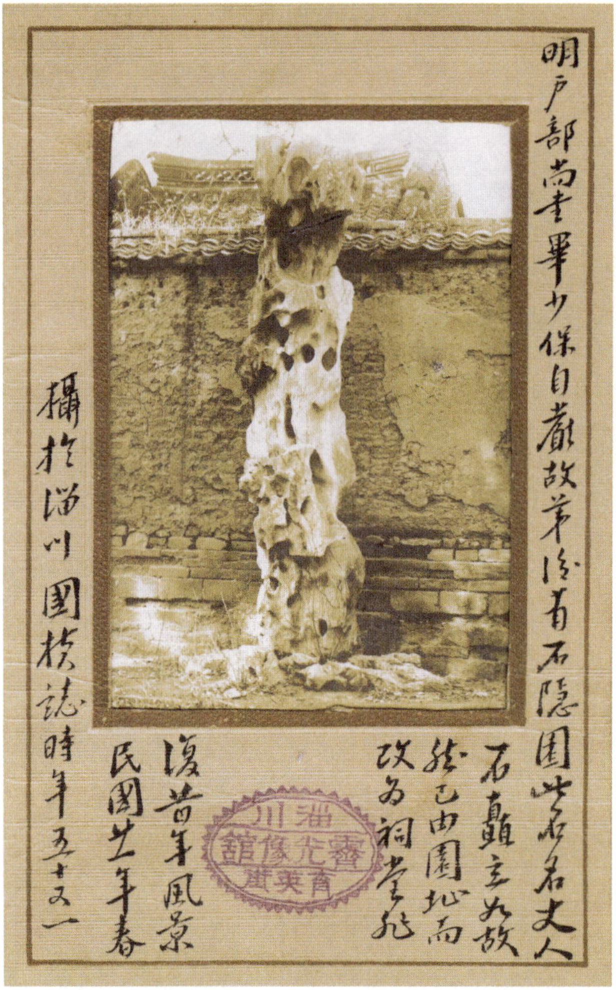

大荒先生藏西铺毕自严故居石隐园内的丈人石老照片

书的时候正是毕家鼎盛的时候，从残存的绰然堂、振衣阁、石隐园、墓地等建筑，还可以看出毕家当年豪华的府第和宏伟的气势。

他们在这里也召开了知情人的干部群众会，根据群众提供的线索，收购了一部分明代旧家具，估计这些家具可能与蒲松龄同年代，甚至可能是蒲松龄生前见过或用过，都是照市价偏高的价钱，由政府付钱收购下来的。

据张彦青先生的记忆和大荒先生的日记，计有绰然堂的大匾额一块、绰然堂木楹联一对、绰然堂旧藏灵璧石一块、小几桌一张、杌子一对。还购得振衣阁中条几一张，冯起宸绘竹子雕花太师床一具，书桌一张，蒲松龄先生使用过的端砚、题咏过的蛙鸣石。在药铺毕先胜处，购得二抽屉单桌一个、茶几两个。毕玉期曾想找回鱼腹砚，但终未找到。据说这是毕府珍藏，蒲松龄生前曾提到过。该砚系宋米芾所造，十分珍贵。另外纪念馆中的家具还有少数购自博山和淄川的，如书架、书橱、大圈椅等。

纪念馆的几个大玻璃橱柜，是山东省文化局由山东省古代文物管理委员会转让的。这样一来，室内用具算是勉强可以敷用的了。

蒲松龄故居的北屋，也就是传说中的“聊斋”，原来是打算照淄川农村一般住家的陈设予以复原，尽量像一个清初读书人的住室，其余两个卧房则陈列蒲氏的墨迹手稿、著作、历年版本和抄本等。这些历年版本、抄本及国内外译本，有相当多的部分是大荒先生从自己的书房里搬来的。大荒先生曾多次谈起，创建蒲松龄故居是他毕生的夙愿，放在故居比放在他的书房里更放心，更有意义，他早已把蒲学研究作为他生命中的一部分了。

大荒先生藏西铺毕自严故居石隐园内黄杨树（花神原型）老照片，该树抗战时期被毁

大荒先生亲自撰写了聊斋匾额，悬挂在北屋中。这块匾额

故居建立时王献唐先生书写的蒲松龄先生故居匾额

故居建立时根据大荒先生书写而制作的聊斋匾额

修复后的蒲松龄故居大门

20世纪50年代重修的蒲松龄墓碑，“文革”中被毁

现已成了蒲松龄故居的一张名片，随着蒲松龄著作在电影、电视及各种媒体的传播而名扬海内外。

故居的门，建筑的规格小了些，根据过去的记载，原来是大些的，而且据民间传说，上面还有门楼，蒲松龄每至寒暑歇馆家居，常与友人小饮其上，所以也拟予以扩建。1955年，大荒先生请王献唐先生题写了“蒲松龄先生故居”匾额，并亲自带回淄川。第二年，故居对外开放。

蒲家庄东首的柳泉，大荒先生也曾画过一个简单设计图，“满井”的周围打算建上栏杆，其旁拟竖一石碑，以记载当年蒲氏在此“采风”的情节。东边的小山上，拟于原龙王庙旧址，建一座富有民族风格的亭榭，并辟一条上山丘的曲折盘路，山上种植观赏林木，四侧则遍植垂柳，并修建一条路。

蒲松龄故居附近小山上的亭子

张彦青先生在回忆文章最后谈道：回顾整个故居恢复重建过程中，大荒先生在这些岁月里充满了干劲，充满了活力，真是意气风发，时常溢于言表。派工购料莫不躬身运筹，一旦偶闻哪里群众尚有件蒲氏文稿或有关文物时，定必欣然前往征集，虽长途徒步跋涉，万苦在所不辞。这样的日日夜夜，风尘仆仆，奔波于蒲家庄、洪山、西铺、博山等地，达数年之久。大荒先生就这样从零开始，终能集腋成裘，将蒲松龄故居建成初具规模，并向国内外开放，成为纪念这位清代文豪的一处名胜古迹。

四、古籍整理　教书育人

1959 年秋，大荒先生奉上级部门的安排，又调回山东省图书馆，专职从事古籍版本整理研究，主要负责古籍善本的鉴定，并兼职山东省古代文物管理委员会的工作，直至 1972 年 6 月 6 日去世。这十二年半期间，大荒先生为山东省图书馆古籍藏书建设做出了显著贡献。据大荒先生的挚友陶振纲先生回忆文章中介绍，促成大荒先生调回山东省图书馆的主要原因，一是王献唐馆长在抗日战争济南沦陷前夕，将山东省图书馆收藏的部分珍贵文物与古籍运往四川，得到了完好的保存，战后运回济南，由山东省博物馆保存。1958 年，山东省图书馆将馆藏字画移交省博物馆后，省博物馆拟将运川的省图书馆旧藏古籍物归原主。这批珍贵的古籍需要“懂行”的专家整理归类。二是山东省图书馆当时收藏的古籍大量积压未做整理，已整理者中有不少版本还待鉴定，缺少鉴定版本的专家。上述两个原因，使大荒先生调回了山东省图书馆。后来，运川的古籍因故未办移交，但当时山东省图书馆的古籍鉴定整理工作，幸有大荒先生的指导，才逐步走入了正轨。

大荒先生来省图书馆后，虽已是65岁的老人，但身体强健、精神饱满，每天按时到馆工作，不曾无故缺勤，也不迟到或早退。他先了解熟悉馆藏古籍现状，随后一面主持制定古籍整理、典藏等规章制度，一面开始整理古籍善本、鉴定版本等工作。经古籍组工作人员讨论起草，并经领导决定实施的有：古籍善本分类表（采用北京图书馆善本书目分类表），古籍善本著录规则，善本、特本、珍本区分标准，善本书库管理办法等。这些规章制度的建立为山东省图书馆古籍善本典藏建设贡献很

大荒先生在山东省图书馆的工作照

20世纪50年代山东省图书馆的书库

大，最重要的是一举克服了新中国成立以来古籍善本分类编目规格不一、版本著录含糊不清（如仅著录为“刻本”或“清刻本”）与版本鉴别失误、缺乏等级划分标准、藏书目录不成体系等缺点，山东省图书馆开始进入古籍善本整理工作正规化、标准化、系统化的新阶段。

在这些规章制度中，大荒先生奉献了毕生的古籍工作经验。例如：善本排架采用双面横卧满格排架法，这种排架法既可减少竖立排架每格上方都有空间的现象，又可减少按类排架右方都要留出空位的现象，使书架空间得到充分的利用，还可减少灰尘侵入书架、积落书上，使书籍、书套多能保持清洁。为此，还采用了固定排架，用财产登记号作为索书号，既使每格书架排满书籍，也使出纳工作效率提高，还便于财产的清点工作。在书库管理方面，大荒先生提出要随时注意保持书库整洁，建议入库人员必须在库门前换库内用鞋，以免带入泥土，在配备库内用鞋之前，要在入库前清除鞋底上的泥土。此虽区区小事，无经验者很难想到，不爱书或无事业心者则不仅不会想到，反而认为是多此一举。在书库除湿方面，一遇到晴朗干燥的天气，他都提议打开书库门窗，通风排除湿气，以防书籍遭受霉害。这虽是传统的做法，但即使列入管理规则，也常被忽略。因为善本书库位置紧靠大明湖南岸，地下水位高，地面与墙壁自然蓄积湿气，靠墙近的架上图书曾有发霉受损的现象，所以经常开窗通风以求库内干燥至为重要。在防盗方面，因曾发现过去单人管理书库有管库者私自取书出库并不登记的现象，大荒先生主持制定了对应措施，开始实行严格的书库管理责任制。一

1964 年山东省图书馆全体同志合影

是采取双锁分管，书库门用双锁，一锁钥匙存馆长室，一锁钥匙存古籍组，取用钥匙要登记取用者姓名、出入时间；二是采用双人同时出入书库，不准一人独自入库，古籍分类编目典藏人员也要同样办理登记手续，这既能分清责任，也能防止监守自盗。可惜为时不久，“文革”开始后，不再实行双锁分管、两处登记、双人入库的办法，回到一人即可入库的旧轨道上。

在古籍分类著录工作中，大荒先生亲自审阅款目的各项著录正误，鉴定版本皆比对原书，一一审定版刻年代、刻印地点与刊刻者、书内题跋与抄校者。遇有著录失误或遗漏，则向该书编目人员讲明判断正误的依据，有时还详细讲解该书著者的其他著作版本及流传、藏书印等，意在提携后学。例如，大荒先生曾讲过如何辨认拓片作伪的痕迹而断定其拓印的确切年代。再如区别瓷版与瓷活字版的要点。大荒先生在淄博地区访书时，偶然购得瓷活字版《蒿庵闲话》下册，回济后与王献堂先生所藏上册对照，无论开本尺寸、版型字体、纸张色彩都吻合，竟然复归完聚。20 世纪 60 年代初，又由大荒先生从济南古旧书店认购献唐先生家藏上册入藏山东省图书馆，后被北京市图书馆调去，成为业内佳话。大荒先生为此曾建议，此后凡遇有王献唐钤印或题跋的书籍都应采购入藏，即获领导同意。60 年代后半期，山东省图书馆先后从济南古旧书店购得王献唐藏书与有题跋者多种，都是大荒先生建议的结果。

20 世纪 60 年代初期，在政府的指导下，文化界兴起了“名师带高徒”的热潮。山东省图书馆为培养青年学习大荒先生的版本古籍知识，也举办了路老收徒的活动。采取个人自愿报名、领导审查批准的办法。先是公开号召，讲明宗旨是培养青年版本专家，于是全馆上下纷纷响应，争先报名，不仅有青年，而且有年近半百者，还有大学毕业的同志，为学习版本知识，积极报名待选。由此可见当时人心向学之殷切，也可见大荒先生受到的尊崇。

大荒先生指导山东省图书馆青年学者

结果，因名额有限，仅骆伟一人被选定为大荒先生的门徒。

骆伟是毕业于武汉大学图书馆系的高材生，被选中后非常高兴。他在回忆文章中写道：

> 伟受学于路师，始于上世纪六十年代初。时山东省图书馆欲整理积存近三十年的古籍善本约二十万册，馆里委任路大荒先生负责，为培养提携后进，遂选伟忝列其中。在他的指导下，我们制定了必要的收录范围、著录细则和分类表，有条不紊地开展古籍整理。期间，他带我赴宁阳考察清人黄恩彤旧藏，到淄川寻鉴民间收藏的蒲松龄俗曲，并经常带我等去济南古旧书店。每次我要送资料、生活用品等，他逐一介绍我认识了李士钊、解方、严薇青等前辈，他们对路师有一青年大学生助手甚感高兴。可惜我在1964年夏被送莱阳、日照两地劳动，直至1966年底才回原单位，“文革”期间已和他失去联系，故对先生逝世和1980年山东省文化局在英雄山革命公墓举行的追悼会未

能参加，深感遗憾。在跟随大荒先生工作学习期间，经路师指点和教导，有几件事记忆最深，终身难忘。

其一，纸张是古书版本鉴定的因素之一，先生对古纸研究有一定的造诣，能识别古纸的类型、时代和用途。二十世纪六十年代初，他在山东省文化局举办图书馆干部培训班讲授古籍版本时，特别强调“首先区别古籍书册的纸张”。后在宁阳看书时，他就专挑选装帧和纸作为重点，对我讲解各种纸的特征，要我亲自摸纸的正反面，察看纸的纹理，使我直接触摸、认识古纸，这是学习古籍版本入门的第一堂实践课。其实古籍无论什么时代的版本，都离不开纸张，它不仅是文献的载体，并具有时代性、地域性和应用性。然而，从古至今，见之著录纸张的古籍书目乃凤毛麟角，许多人说清初钱曾所撰《读书敏求记》，记载了每种书的纸，经阅读并非如此，只是似是而非罢了。二十世纪八十年代编辑的《中国古籍善本书目》和现在推行的古籍普查和申报国家古籍珍贵名录，并没有要求著录每种书的纸张。可见，对手工纸的认识、鉴别仍未被重视，甚至是个难题。

其二，抄本的价值不可忽视。先生对抄本情有独钟，知道抄本乃稀见古籍的再造，在缺乏现在复印技术的条件下，只有用抄写才能获得复本，先生曾说：“在历史上有记载古籍刊行的手抄而能流传到现在绝无仅有的本子称孤本；历史名人的著作手稿称珍本；出土发现的帛书或竹简称特本。”因此，山东省图书馆对古代抄本一般都“入善”。自然，抄本也可区别对待，如名家抄本和没有刻本者可以从宽，对个人所嗜好的医方和诗词选抄可从严。

其三，聊斋手稿笔迹的特点。路师曾说，个人的书法笔迹犹如指纹一样，都存有差别，有的甚至别具一格。由于先生对聊斋手稿见多识广，鉴别认真仔细，能总结其书法规律和特点。馆中有他捐赠的《聊斋文集》手稿，曾教过我辨认聊斋古朴多姿行书笔形、笔锋、特点等技巧。但他同时指出，民国年间，淄川有“孙某”者，常模仿聊斋笔迹，其伪本在社会中流传。他还指出伪本的特征，要我时加防范。为此，在我领悟先生的教导下，曾尝试独自鉴别聊斋手稿，当我经判断某稿是否真伪时，他点头称是，我心里特有一种满足感和成就感。

在骆伟跟随大荒先生到各地访书的过程中，收获颇多，其印象较深的几次，他曾在回忆文章中详细描述过。1961年，他跟随大荒先生到宁阳专访黄恩彤旧藏，他在回忆文章中写道：

黄恩彤，山东宁阳人。道光进士，曾官广东巡抚，后因事夺职回乡里，因爱好古文词，故藏书不少。1961年秋，路大荒先生带我去宁阳县，专访黄恩彤旧藏。那时，适为“三年生活困难”时期，各方面条件都不好。我们从济南坐火车到兖州，在一家简陋旅馆住了一宿，路先生为国际研究蒲松龄的专家，能屈身陋舍，说明他只专注事业，而不计较生活条件。第二天我俩再乘汽车，住进宁阳县招待所，由县文化局安排，到一座旧房子（忘记祠堂还是庙宇），那里堆放了一屋的古籍，有五六万册，又暗又脏，有点像电影《夜半歌声》那古老的房宅。县里只给两张小板凳和一把毛刷，我们便开始工作了。那时，我年轻，刚跟路先生学习，对古籍版本一窍不通。他叫我在书堆中一种种掀开书页，若尘土多还要用毛刷扫扫，然后递给他看。因时近冬至，天气渐冷，路老先生穿棉衣还觉手脚冷，若每种翻看必费时日，于是改变方法，只从书的纸质外表来确定看哪一种。路先生对古籍版本有较深的造诣，曾主编《山东省国立图书馆古籍善本提要》，尤其对纸张深有研究。

他对书堆中的黄麻纸、白棉纸、旧竹纸以及装帧好的古书，一般都要抽看，他边看边讲解。这是什么纸，有什么特点，什么朝代用得多，刻印的多为哪类书，等等，一一说明，我才初步领略明刻本和清初内府刻本多用白棉纸和太史连纸、粉连纸的风采。由于在实践中学，比在课堂上教师抽象讲解要直观深刻得多，我学古籍整理便从这时开始。我们工作了五天，把书分成三堆，即好的（明刻本、抄稿本）、比较好的（清初刻本）和一般的（普通）。因为这些书是解放后没收的，内多为黄恩彤旧藏，但没发现有宋、元刻本。这次访书是应县里请求而去的，虽没得一册书而回，但是掌握了宁阳藏书情况，尤其摸清了黄恩彤旧藏的家底，而我却从中学到了版本和纸张的知识，对我以后工作打下了基础，收获是大的。

1962 年，骆伟又跟随大荒先生访寻了明代进士毕自严遗作。毕自严（1569—1638），字景曾，号伯阳，山东淄川人。明万历进士，天启初，以右佥都御史专事辽阳、天津军务，擢户部尚书，官至太仆卿。后以忤魏忠贤辞归故居，在所居石隐园与名贤王士禛、唐梦赉、张笃庆等时相唱和。著名文学家蒲松龄曾在该馆任教多年，与毕自严关系密切。毕自严自建万卷楼藏书，为一方之盛。后时移世易，其藏书及遗作在民国初散毁，书贾四处搜求，因慕其名气之大，故漫天要价。当年王献唐先生极力收罗，恐其外流，并派邢蓝田去淄川西铺访书，得书 30 种而归。但毕氏著作多为“清禁书”，十分难觅，亦深藏不露，不知去向，为时人所关注。1962 年，突闻山东省文物总店收有一批毕氏著作，大荒先生十分高兴，带着骆伟等人前去探访。结果，把多年梦寐以求的毕氏著作，如《辽变会议始末》（明崇祯刻本）、《抚津疏草》（明天启刻本）、《毕伯阳奏稿》（明末抄本）、《毕自严记述奏对》（清初抄本）、《毕

大荒先生与骆伟在大明湖的合影（1963年）

伯阳等召对录》（明崇祯抄本）、《饷抚疏草》（明天启刻本）、《毕自严遗稿》（两种，一为稿本，一为抄本），以及毕氏家作，如《黄发翁集》《石隐园集》等，统购而归。现《中国古籍善本书目》奏议类所载毕自严奏稿有10种，近半为山东省图书馆所藏。这些书史料价值较高，其中一篇奏述天津地震事，对震情、损毁及处置等记述较详，可为地震和地方史参考。

骆伟在回忆大荒先生时讲道："1963年（先生68岁）初秋某天，先生特对我说：'听说你是水上人家出身，一定会划船，我多年没有游大明湖了，我们一起划船游好不好？'我说：'行。'于是他拿了四个石榴，我把着桨，在大明湖荡漾了两个小时，登历下亭，听他讲解'历下此古亭，济南名士多'句，游到秋柳园，他又滔滔不绝地讲王渔洋轶事和他曾在此居住的经过。后尽兴上岸，他还叫明湖照相馆为我俩照了一张相。这是一张地道的师徒照，我长期珍藏。现在，斯人已驾鹤西归，留下者仅此存照而已。”

骆伟先生最后回忆道：

我跟先生从事古籍整理时间虽不长，但从中学到知识、技术和如何做人的道理，为我一生工作、学习、教学和研究，打下了良好基础，树立了坐标，确定了方向，此皆乃先生之力作也。先生精于诗词书画，其力作《蒲松龄集》《蒲松龄年谱》，以题材丰富、内容翔实、叙述完备而著称于世，受到国内外学者的赞扬。先生一生淡泊名利，不事张扬，高风亮节，爱国爱乡。同时，他为人诚恳、朴实，胸襟宽广，尤对青年，奖掖后进，毫无保留，故屡承余论，备受启迪，获益良多。嗟呼！老成蒙难，痛憾心胸。聊斋身后，学界景仰。人间永隔，情谊共通。

陶振纲先生于1959年到山东省图书馆采编部古籍组工作，第一次见到大荒先生。在拜师活动中，他自觉年近四十，已非青年，无疑是不够条件的。但他认为，古云“三人行必有我师焉”，现实是已在路老先生指导下工作，有随遇求教的机缘，只要虚心学习，不难学到知识。何况“拜

1998年，陶振纲在整理资料

1965年6月，政协山东省委员会七十岁以上老人北京参观合影

师”仅是入门之举，若是心中无师，行过拜师礼，也未必能有多少进步。

“文革”前，我虽然年少，但也经常看到陶叔叔到爷爷那里学习、请教。二人是那种亦师亦友的关系。到“文革”来临，在批判“拜师收徒”是“封建活动”时，却将陶叔叔作为大荒先生的“黑徒”陪斗，知情者无不啼笑皆非，受批者窃自苦笑，不知情者真假难辨。

陶振纲先生后来成为著名的图书版本学专家，著作甚多。在李士钊、陶振纲先生编辑的《蒲松龄著作在国外》书中，那些蒲松龄研究的日文著作翻译均出自他手。20世纪80年代，陶振纲先生将大荒先生的有关日记整理后公开发表，还发表了一系列纪念大荒先生的文章，追忆、纪念他的恩师挚友。

1959年，大荒先生当选为山东省政协委员、山东省作家协会理事。他认为这是党和政府对他的信任，应该积极地投入到政治协商、参政议政的工作中去。他在第一次参加政协会议

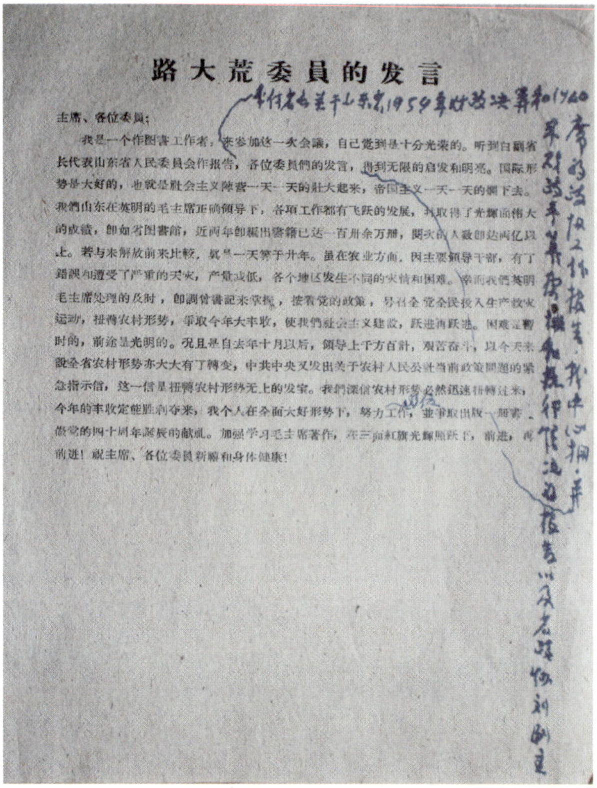

路大荒委員的发言

主席、各位委員：

我是一个作图書工作者，来参加这一次会議，自己覺到是十分光荣的。听到白副省長代表山东省人民委員会作报告，各位委員們的发言，得到无限的启发和明亮。国际形势是大好的，也就是社会主义陣營一天一天的壯大起来，帝国主义一天一天的倒下去。我們山东在英明的毛主席正确領导下，各項工作都有飞跃的发展，并取得了光輝而伟大的成績，即如省图書館，近两年即展出書籍已达一百卅余万册，閱覽的人数即达两亿以上。若与未解放前来比較，真是一天等于廿年。虽在农业方面，因主要領导干部，有了錯誤和遭受了严重的天灾，产量減低，各个地区发生不同的灾情和困难。幸而我們英明毛主席处理的及时，即調曾書記来掌握，接着党的政策，号召全党全民投入生产救灾运动，扭轉农村形势，爭取今年大丰收，使我們社会主义建設，跃进再跃进。困难是暫时的，前途是光明的。况且是自去年十月以后，領导上千方百計，艰苦奋斗，以今天来說全省农村形势亦大大有了轉变，中共中央又发出关于农村人民公社当前政策問題的紧急指示信，这一信是扭轉农村形势无上的法宝。我們深信农村形势必然迅速扭轉过来，今年的丰收定能胜利夺来，我个人在全面大好形势下，努力工作，并爭取出版一册書，做党的四十周年誕辰的献礼。加强学习毛主席著作，在三面紅旗光輝照跃下，前进，再前进！祝主席、各位委員新願和身体健康！

大荒先生在山东省政协会议上的发言草稿

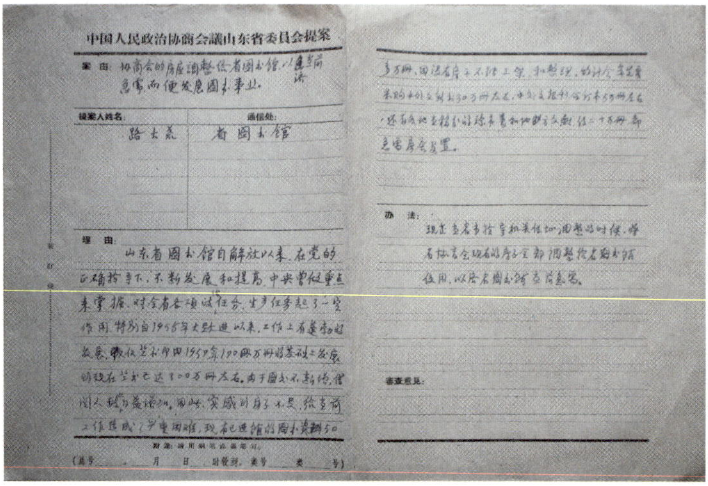

中国人民政治协商会議山东省委员会提案

案由：

提案人姓名：路大荒

通信处：省图书館

理由：

办法：

審查意見：

附注：

（编号　　月　日　到收到　类号　类　号）

大荒先生关于发展图书事业的提案

发言中讲道，作为一个图书工作者，能够参加政协会议，感到十分荣幸。他认真地参加每一次会议，并结合工作的特点，积极提出了许多文化界急需解决的提案。从目前仅存的一些原始资料中，我们还可以看到这些提案的信息。

在1959年的一份提案中，大荒先生与左次修、张茂才、黑伯龙、于希宁提出，建议政府加强对国画工作者的领导，成立国画院，集中研究国画书法，发挥为政府、经济服务的作用，使祖国的优秀传统得到更大发展。虽然当时的经济和其他条件尚不具备，短时间不能成立，但这份提案为日后国画院的成立打下了基础。

再例如，他在另一份提案中写道："山东省图书馆自解放以来，在党的正确领导下，不断发展和提高……仅藏书即由1959年170万册的基础上发展到现在藏书已达到300万册左右……现有已进馆的图书资料50多万册，因没有房子不能上架和整理。约计今年要采购中外文新书30万册左右，中外文报纸合订本5万册左右，还有地方移交的珍善本和地方文献约20万册，都急需房舍安置。希望协商会的房屋调整给省图书馆，以济当前急需，而便发展图书事业。"这些提案都体现了大荒先生作为一名政协委员积极参政议政，为山东省文化图书事业所尽的一份微薄之力。

五、出版《文集》 完成夙愿

1950年，时任中共中央宣传部副部长的周扬同志来到山东，在山东省委礼堂做报告时说山东"前有孔夫子，后有蒲松龄"，给予蒲松龄高度评价，因而引起大家的普遍重视。1953年冬季，周扬同志在济南接见大荒先生时，对他的工作给予了高度的评价，鼓励他对蒲氏文集重新整理和继续研究，并嘱咐时任山东省文化局局长的王统照先生要大力支持及帮助大荒先生的

蒲松龄著作编辑委员会成立会议留影

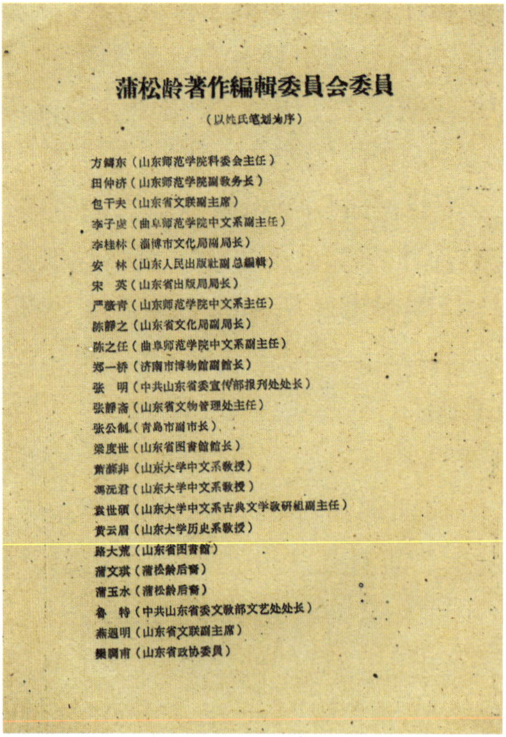

蒲松龄著作編輯委員会委員

（以姓氏笔划为序）

方鑄东（山东师范学院科委会主任）
田仲济（山东师范学院副教务长）
包干夫（山东省文联副主席）
李子虔（曲阜师范学院中文系副主任）
李桂林（淄博市文化局副局长）
安　林（山东人民出版社副总編輯）
宋　英（山东省出版局局长）
严薇青（山东师范学院中文系主任）
陈静之（山东省文化局副局长）
陈之任（曲阜师范学院中文系副主任）
郑一桥（济南市博物館副館长）
张　明（中共山东省委宣传部报刊处处长）
张静斋（山东省文物管理处主任）
张公制（青島市副市长）
梁度世（山东省图書館館长）
萧滌非（山东大学中文系教授）
馮沅君（山东大学中文系教授）
袁世碩（山东大学中文系古典文学教研組副主任）
黄云眉（山东大学历史系教授）
路大荒（山东省图書館）
蒲文琪（蒲松齡后裔）
蒲玉水（蒲松齡后裔）
鲁　特（中共山东省委文教部文艺处处长）
燕遇明（山东省文联副主席）
樂調甫（山东省政协委員）

蒲松龄著作编辑委员会委员名单

工作。

1961年，分管文教工作的山东省副省长余修同志组织省文化出版部门成立山东省蒲松龄著作编辑委员会，成员分别为田仲济、包干夫、宋英、冯沅君、路大荒、栾调甫、燕遇明、张静斋、萧涤非、严薇青、袁世硕、李桂林、蒲玉水、蒲文琪等25位先生。在《蒲松龄著作编辑委员会的任务（草稿）》中指出：蒲松龄著作编辑委员会是集体领导组织。在蒲氏著作编辑工作中，要正确贯彻“百花齐放、百家争鸣”的方针，并体现“取其精华，剔其糟粕”的继承文化遗产的精神。具体任务如下：第一，领导全部编辑工作；第二，研究、确定编辑计划；第三，研究蒲氏著作，解决编辑工作中的重大问题；第四，撰写各集的序言；第五，审定全部稿件。

编辑委员会成立后，即以其名义发出了《征求蒲松龄著作和有关资料以及蒲氏著作编辑工作意见的启事（草稿）》，征集的内容包括：（1）蒲松龄手稿、墨迹、罕见作品的抄本、印本；（2）蒲松龄著作的各种重要版本；（3）有关蒲松龄生平、交游等资料；（4）罕见的蒲松龄生平和著作的考证、研究资料。并同时承诺，凡有以上著作，愿割爱者当予以相当报酬，愿借阅参考者，保证加意爱护，用后按约璧还。

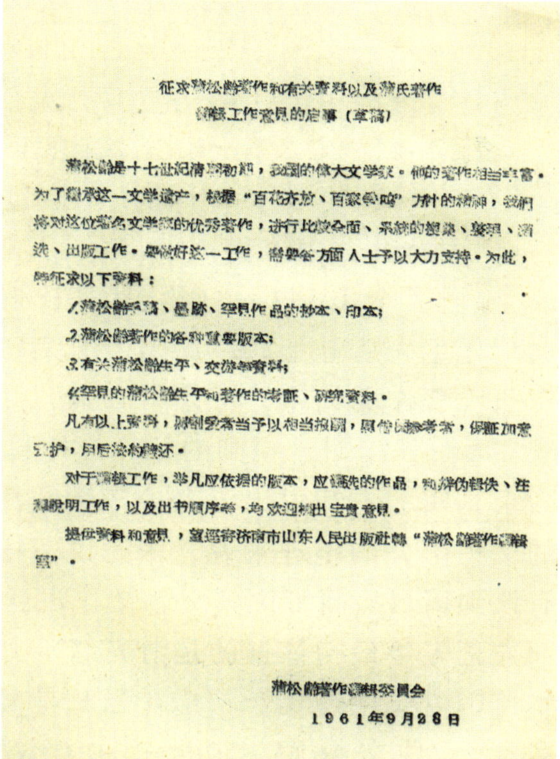
征求蒲松龄著作和有关资料以及蒲氏著作
编辑工作意见的启事（草稿）

蒲松龄是十七世纪清朝初期，我国的伟大文学家。他的著作相当丰富。为了继承这一文学遗产，根据“百花齐放、百家争鸣”方针的精神，我们将对这位著名文学家的优秀著作，进行比较全面、系统的搜集、整理、[illegible]选、出版工作。要做好这一工作，需要各方面人士予以大力支持。为此，特征求以下资料：

1.蒲松龄手稿、墨迹、罕见作品的抄本、印本；

2.蒲松龄著作的各种重要版本；

3.有关蒲松龄生平、交游等资料；

4.罕见的蒲松龄生平和著作的考证、研究资料。

凡有以上资料，愿割爱者当予以相当报酬，愿借阅参考者，保证加意爱护，用后按约璧还。

对于编辑工作，举凡应依据的版本，应编选的作品，和辨伪辑佚、注释说明工作，以及出书顺序等，均欢迎提出宝贵意见。

提供资料和意见，望迳寄济南市山东人民出版社转“蒲松龄著作编辑室”。

蒲松龄著作编辑委员会

1961年9月28日

征求蒲松龄著作和有关资料以及蒲氏著作编辑工作意见的启事（草稿）

1962年6月9日，大荒先生应邀出席山东省出版局召开的整理蒲松龄著作编辑委员会，被推选为副主任，实负编辑之责。在党和政府的大力支持下，大荒先生在筹建修复蒲松龄故居的同时，开始重新编辑整理蒲松龄遗文。这对于一个年过花甲的老人，无疑是一项艰苦的工作，

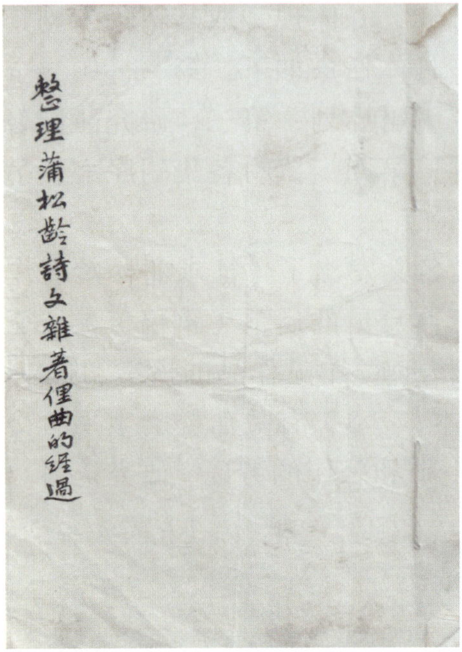

《整理蒲松龄诗文杂著俚曲的经过》稿本（徐国卫藏）

但一想到夙愿即将得以实现，他便欣然接受，满腔热情地投入到自己毕生挚爱的工作中去。他在《整理蒲松龄诗文杂著俚曲的经过》（载《蒲松龄年谱》附录）一文的前言中记述：“在一九五三年的冬日，中央文化部周扬同志因公来济南，嘱我继续搜集、整理和研究蒲氏的遗著。这使我认识到党和政府对于祖国有价值的文学遗产的重视，我在心情愉快之下，把多年来束之高阁的东西重新拾起来加以整理。”

大荒先生虽然在抗战前出版了《聊斋全集》，但在他看来，那个《聊斋全集》并不“全”，距蒲氏遗著存目相差太远。于是，大荒先生先后赴上海、广州、北京、沈阳等地，凡得知国内有蒲氏著作的馆室，都亲自查询，并托许多好友帮他广为搜求。大荒先生对于得到的每一点资料都详加校核，删论补缺，力求真实，不知付出了多少辛勤的汗水。就《蒲松龄集》中的文集部分的整理来说，张元说蒲松龄著“文集四卷”，没有谈到篇目。蒲箬说其父著文“四百余篇”，没有谈到卷目。而大荒先生最初依据的是清光绪十九年（1893）耿士伟石印本《聊斋先生遗集》，这在当时是蒲氏文集流行最广的一个版本，仅收文 46 篇。20 世纪 30 年代，他得到王敬铸辑的《聊斋遗文》，后又得到清同治己巳抄本和蒲氏手抄本《祭文》一册。虽收获颇丰，但合计起来，也不过 290 余篇。新中国成立后，他又借得山东省博物馆馆藏的旧抄本、北京图书馆藏抄本、广州大学图书馆藏《聊斋诗文集》旧抄本，汇集众本，去其重复，得文485篇。大荒先生高兴地说：“虽不敢妄言无‘遗珠’之憾，但距张元、蒲箬等说‘计四百余篇’之数已相差不远。”随后，大荒先生详加考评，排比先后，编为13卷。

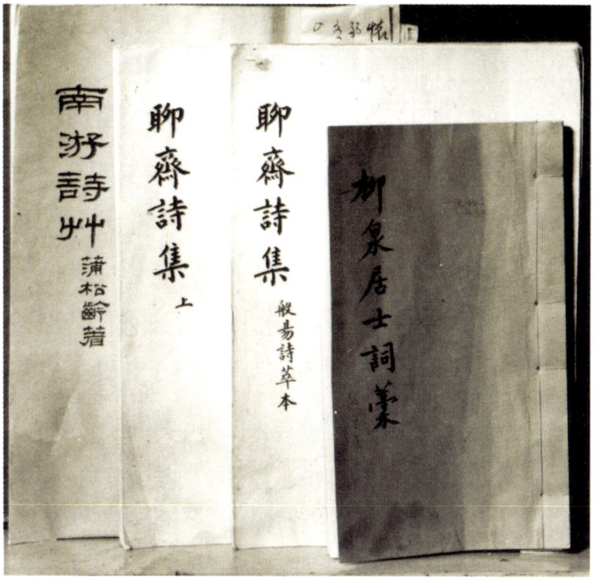

各种蒲氏著作版本

再就集中的诗集部分的整理来说，张元说蒲松龄著“诗集六卷”，蒲箬等在《祭父文》中说有诗“千余首”，高翰生在《齐鲁遗书·聊斋诗草》跋中说：“得之于蒲氏后裔，计一千二百九十五首”“但中经兵燹散失，仅存九十七首”。大荒先生在初集《聊斋全集》时，得淄川孙锡嘏先生的定本，收诗355首。1956年，大荒先生借得淄川友人所藏《聊斋诗集》5卷，后附《诗余》1卷，又得诗530首。后又借得广州中山大学图书馆藏《聊斋诗文集》旧抄本，删次又得十余首。后又从《聊斋偶存草》中摘取78首。到此，共得蒲松龄诗虽不及“一千二百九十五首”，但已达千首以上。

大荒先生在他广泛的征集工作中，存在大量的辨识真伪问题。大荒先生精于古籍的鉴赏，如他得到北京市图书馆藏的《聊斋文集·词集》抄本中，有为他本所无的26首词，以及载入《聊斋全集》中的《曹大妄先生小传》等6篇文，还有诗262首，经过考据，发现均系伪作。大荒先生毫不留情，一并从集中删除。又如，收入《聊斋全集》的长篇古典小说《醒世姻缘传》，胡适先生考证是蒲松龄的作品，但大荒先生不苟同他说，以有力的证据推翻了胡适的结论。再如，《聊斋全集》中末尾有《聊斋笔记》90 则，大荒先生细心考证后识其为伪作，也一并剔除。在去伪存真的同时，对确实难以考证真伪的蒲氏遗文，大荒先生采取了极其慎重的态度。比如蒲松龄墓表碑阴著作表载有“通俗俚曲十四种”，而他仅得 13 种，只有一种没见到。后来得到一种《闺艳秦声》，据说是遗文中的《琴瑟乐》，但无据可考，且语涉淫秽。他认为宁缺毋滥，也不予收录。而《草木传》剧本，据说是蒲松龄所作，但和乾隆时期的抄本《草木记》剧本、道光年间的《药会图》剧抄本的内容和形式完全相同。大荒先生认为这种以民间喜闻乐见的形式普及药物知识的作品，

大荒先生整理蒲氏著作时的工作照，书桌旁为《蒲松龄集》样书

大概是当时的一种风气，具有通俗实用的效果。至于该篇是否确属蒲松龄所作，尚欠证据，所以在《蒲松龄集》出版时，他将其收为附录。

《蒲松龄集》的出版得到了大荒先生的好友及全国各地专家学者的鼎力帮助。在大荒先生重新整理蒲氏著作时，著名作家、山东省文化局局长王统照先生对大荒先生的研究工作非常重视，从各方面提供条件并给予鼓励与具体的帮助。《蒲松龄集》原已列入人民文学出版社的出版计划，出版社的同道们都曾对他的蒲学研究工作提供过很多帮助。陕西西安新发现的一部《柳泉居士词稿》，人民文学出版社一得到这一信息，便将

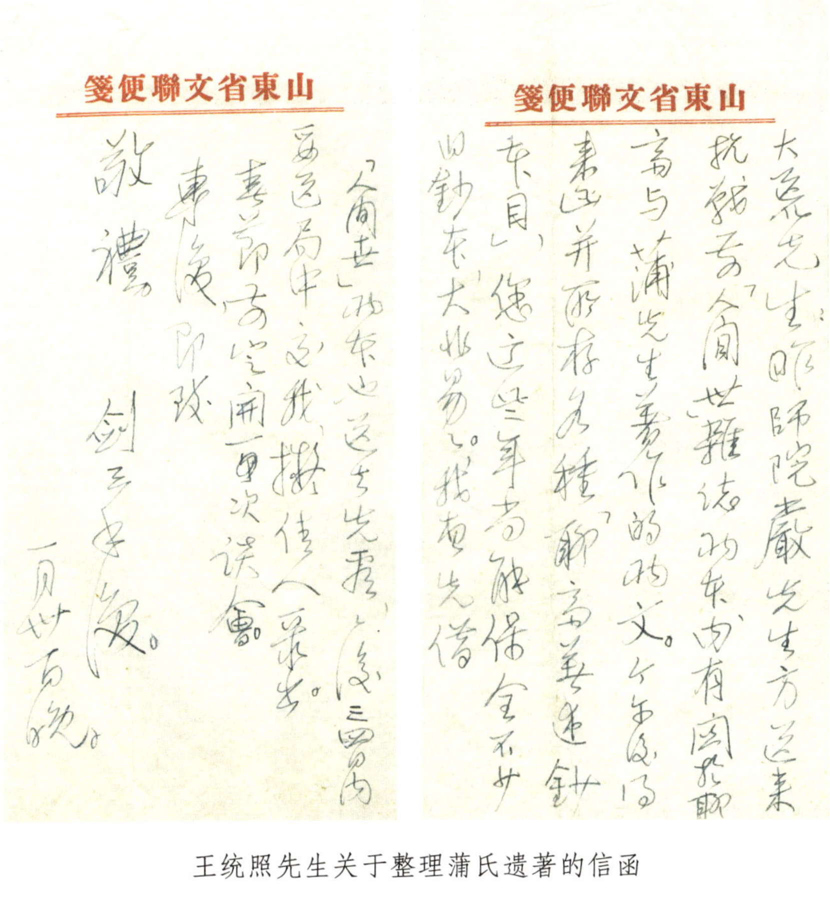
山東省文聯便箋

山東省文聯便箋

王统照先生关于整理蒲氏遗著的信函

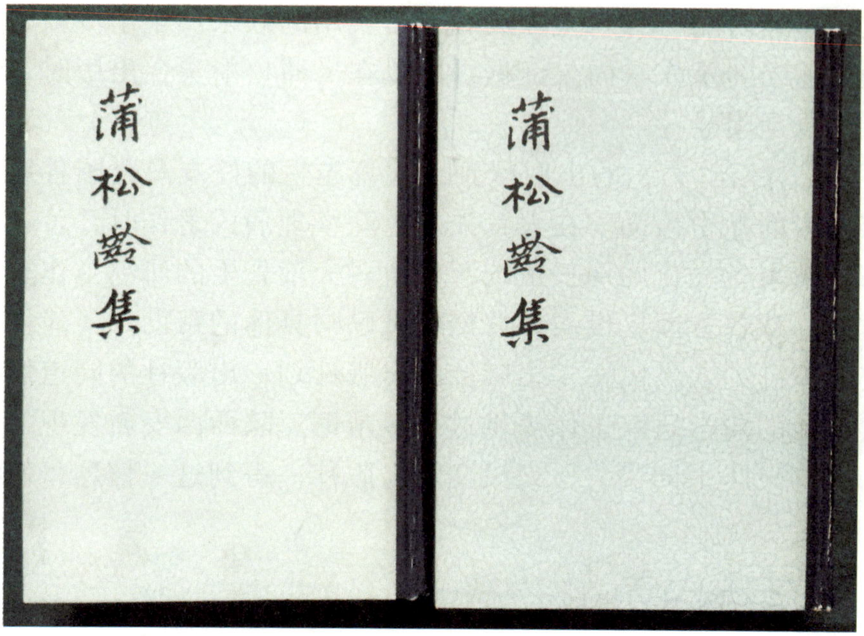

《蒲松龄集》书影

该词稿抄录一册寄来。中华书局胡道静先生曾将日本天野元之助博士新著《清·蒲松龄〈农桑经〉考》转来，并分别转告了他的通讯地址。大荒先生还得到青岛崔介先生寄来的抄自北京图书馆藏的《聊斋诗集》，以及广州中山大学图书馆、山东省博物馆等单位借用的蒲著抄本。还得到陶钝、张友鹤、王献唐、商承祚、容庚等专家学者的支持与鼓励。由此可见，《蒲松龄集》的出版，与得到从领导到友人的广泛鼓励与支持是分不开的。1962年，大荒先生为《聊斋文集手稿》写跋文，文中提道："余以为辑先哲遗文，为后生之责，即不畏困难，下决心担起此项任务。"把一项研究当作自己的责任，而不是追求个人名利，这种责任心当是一切研究事业的动力，大荒先生亦然。

1962年，路大荒先生已经67岁，他积半个世纪的辛勤劳动、123万字的《蒲松龄集》由中华书局出版了。这个集子是蒲松龄先生的一个别集，它包括诗929首、词102阕、骈文和散文 458 篇、俚曲 13 种（缺 1 种）、杂著 2 种（缺 3 种）、戏 3 出。至此，蒲松龄的著作除《聊斋志异》及失传作品外，几乎全部收集在内了。这是大荒先生毕生搜集、发掘、研究、整理蒲松龄著作的巨大成果，更是中国古典文学研究工作中的一件大事。它为国内外蒲松龄研究工作奠定了资料基础，充实了中国乃至世界文学宝库，这是大荒先生做出的具有历史意义的重大贡献！

大荒先生《蒲松龄集》的出版在国内外引起了强烈的反响，它将蒲学研究推向一个新的纪元。

大荒先生的众多好友以不同的方式纷纷向他表示了祝贺，祝贺这位年近古稀的老人经过半个世纪孜孜不倦的努力，集腋成裘，终于为他热爱的事业做出了应有的贡献。张伯驹先生作《大荒先生辑聊斋全集因题一绝志佩》：“燃藜照镜事无殊，写尽人间假面狐。千古文章司马笔，传人更待费工夫。”舒芜先生题道：“百花齐放，百家争鸣。”崔介先生题诗：“济南欣闻辑书成，酷暑忽觉爽气生。夙愿久成欢落拓，壮志今幸遇清明。岂为前哲始穷搜，唯愿后起能代兴。预想《全集》出版日，

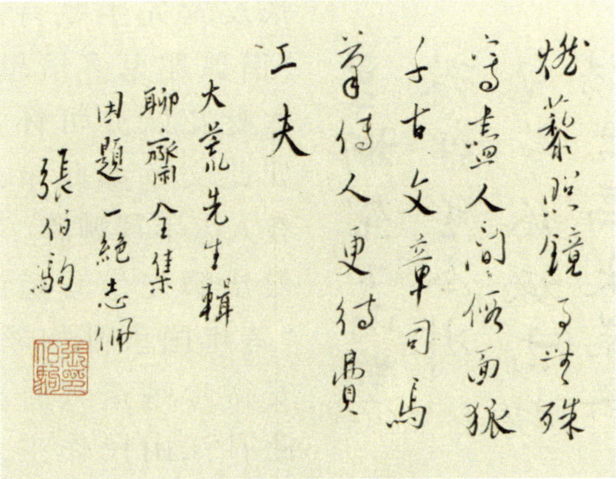

张伯驹先生题诗

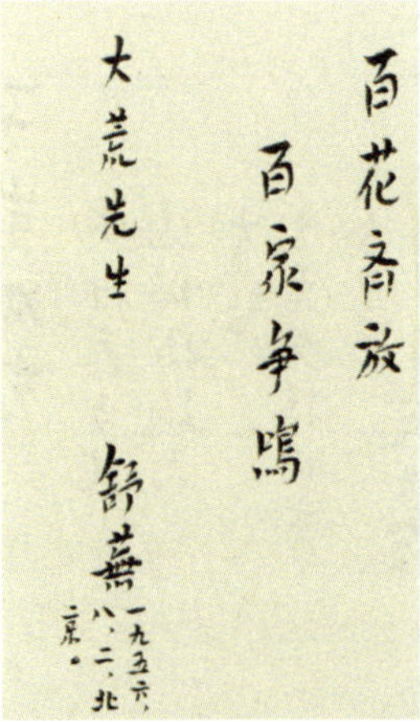

舒芜先生题词

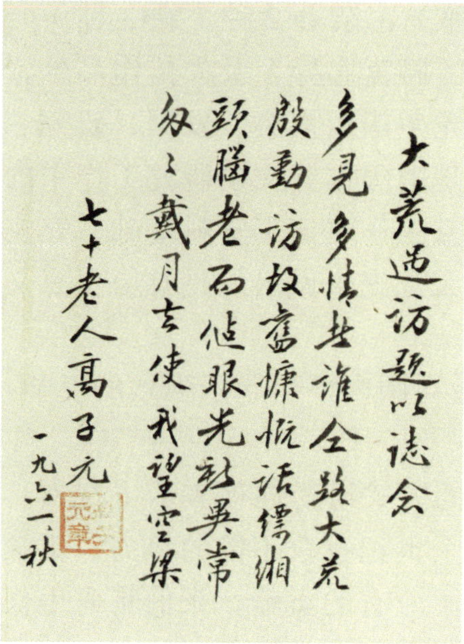
大荒過訪題以誌念
多見多情者誰全路大荒
殷勤訪故舊慷慨話縹緗
頭腦老而健眼光新異常
匆匆戴月去使我望空梁
七十老人高子元
一九六一秋

高子元先生题词

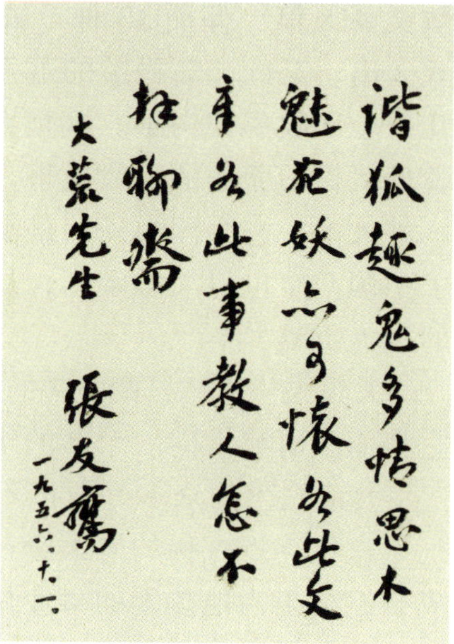
谐狐趣鬼多情思木
魅花妖亦可怀如此文
章如此事教人怎不
拜聊斋
大荒先生
張友鸞
一九五六.十一.

张友鸾先生赋诗

浮白快读到三更。”高子元先生写道：“多见多情者，谁全路大荒？殷勤访故旧，慷慨话缥缃。头脑老而健，眼光新异常。匆匆戴月去，使我望空梁。”关友声先生写道：“豆棚架下雨无殊，继武令升鬼董狐。振古妙文传左马，大荒路子岂凡夫。”

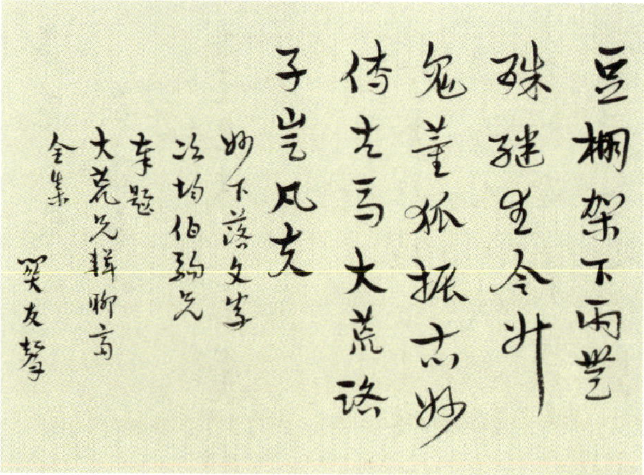
豆棚架下雨無
殊繼武令升
鬼董狐振古妙
傳左馬大荒路
子豈凡夫

关友声先生题诗

张友鸾先生赋诗：“谐狐趣鬼多情思，木魅花妖亦可怀。如此文章如此事，教人怎不拜聊斋。”侯岱麟先生写道：“昔年国事乱如丝，安得吟哦遣兴时。此日江山民作主，应将隽句报先知。”

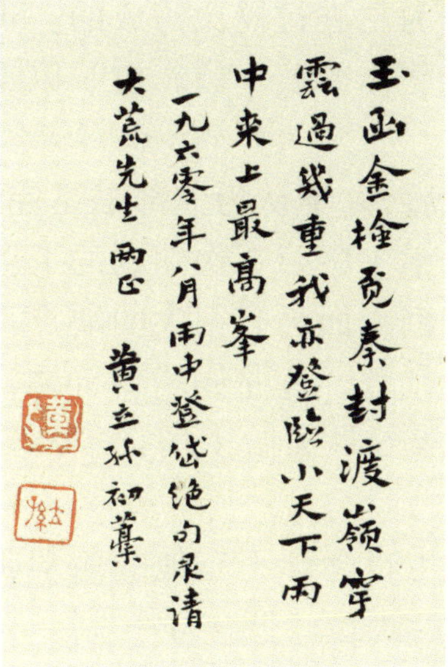

黄立荪先生赋诗

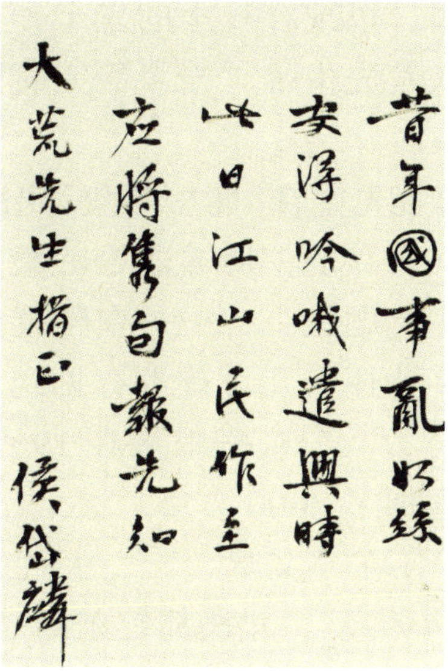

侯岱麟先生赋诗

魏启后先生作画作诗，俞剑华先生从南京寄来了他的精品山水人物画作《松窗著书》表示祝贺。济南的书画界好友吴天墀、岳祥书、王小古、张鹤云、张彦青、赫保真、弭菊田、黄立荪诸位先生纷纷提笔作诗作画表达了祝贺之情。

大荒先生的蒲学研究在国外也获得了好评，为发扬祖国文化做出了贡献。欧洲著名汉学家、捷克斯洛伐克布拉格东方研究所所长雅洛斯拉·普实克院士，1956年来华时赞扬大荒先生“学识渊博”“熟于历史掌故”。他说：“路大荒用惊人的热忱和不屈不挠的努力，对蒲松龄的全部生活与作品，进行了收集和注释工作。”普实克院士不仅与大荒先生通讯交流研究成果，还在20世纪60年代初两次来山东访问。他与大荒先生的友谊在国内外传为佳话。

日本蒲学研究者与画家高山超阳先生在与大荒先生学术交流之余，曾为大荒先生绘画《大荒堂著书图》一幅。日本学者天野元之助博士的《清·蒲松龄〈农桑经〉考》是以《蒲松龄集》

为底本，以现存日本的三个抄本为主进行校比写成的。天野先生称大荒先生是“当今研究蒲氏著作的第一位，应予以十二份评价”。

大荒先生在《蒲松龄集》出版后，并不认为这部书是完善的，如他在自存的一册《蒲松龄集》第 1 版第 2 次印刷的下册末页写下朱笔题记：“……在整理校勘方面仍有很大的缺点，在搜集上，诗还有几百首没有见到，杂著、俚曲亦均各有缺，今后当再努力。”中华书局在 1963 年 6 月出版了增订本，先生又一次增加了 7000 多字。

即使在“文革”中，大荒先生也念念不忘他的蒲学研究。1966 年秋天，大家都忙于闹“革命”，我失学在家。大荒先生经过多次批斗，患有高血压、脑卒中，已卧床不起。我像往常一样坐在爷爷的书桌前看些闲书。爷爷忽然叫我，让我将放在门楣横梁上的 1963 年版《蒲松龄集》找出来，并翻到

王小古先生作画祝贺

××页，又像自言自语地对我说，第××行第××字之前替他再写上几个字，这个地方漏掉了，将来如果再版，一定要加上。1986年4月，上海古籍出版社又出版了《蒲松龄集》新一版，这时距大荒先生去世已十余年了。

俞剑华先生画《松窗著书》祝贺

大荒先生自撰的《蒲松龄年谱》，在1980年出版以前，一直是题名《蒲柳泉先生年谱》，作为附录编入《聊斋全集》或《蒲松龄集》，并无单行本问世。原山东人民出版社编辑，后来主持齐鲁书社工作的赵炳南先生，对大荒先生的蒲学研究一直给予鼓励与支持，并为其蒲学研究成果的出版提供方便。20世纪60年代前后，他曾亲自去大荒先生家访问并听取意见。其中就酝酿过为方便读者而出版《蒲松龄年谱》单行本的计划。但1966年以后中断了十余年，到了1980年8月，《蒲松龄年谱》才由齐鲁书社出版，1986年8月该社又出版了第2版。《蒲松龄年谱》与《蒲柳泉先生年谱》相比，其一是《蒲松龄年谱》是大荒先生去世前修改《蒲柳泉先生年谱》而成的新稿，其二是增入先生次子路士湘遵父遗嘱整理的《蒲

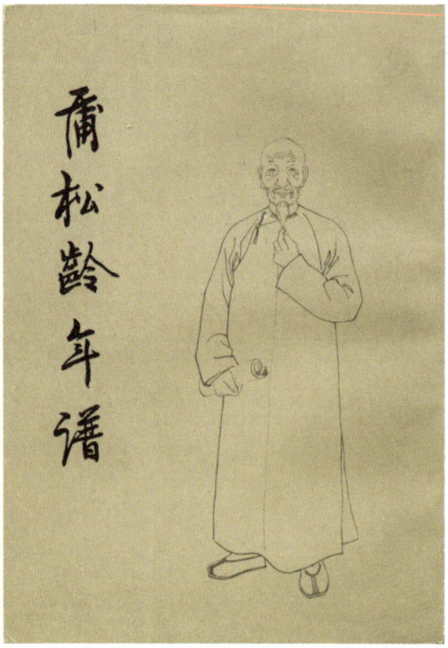

1980 年出版的《蒲松龄年谱》

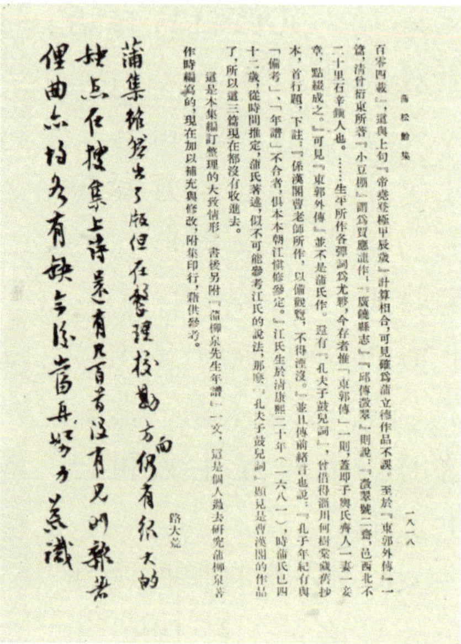

蒲松齡集　　一八一八

百零四歲』，這與上句『帝堯登極甲辰歲』計算相合，可見確爲蒲立德作品不誤。至於『東郭外傳』一篇，清曾衍東所著『小豆棚』謂爲賈應寵作；『廣饒縣志』『邱傳潑翠』則說：『潑翠號二齋，邑西北不二十里石辛鎮人也。……生平所作各彈詞爲尤夥，今存者惟「東郭傳」一則，蓋即子輿氏齊人一妻一妾章，點綴成之。』可見『東郭外傳』並不是蒲氏作。還有『孔夫子鼓兒詞』，曾借得淄川何樹棠藏舊抄本，首行題，下註：『係漢闕曹老師所作，以備觀覽，不得湮沒。』並且傳禰緒言也說：『孔子年紀有與「備考」、「年譜」不合者，俱本本朝江愼修參定。』江氏生於清康熙二十年（一六八一），時蒲氏已四十二歲，從時間推定，蒲氏著述，似不可能參考江氏的說法，那麼『孔夫子鼓兒詞』顯見是曹漢閣的作品了，所以這三篇現在都沒有收進去。

這是本集編訂整理的大致情形。書後另附『蒲柳泉先生年譜』一文，這是個人過去研究蒲柳泉著作時編寫的，現在加以補充與修改，附集印行，藉供參考。

路大荒

大荒先生在自存的《蒲松龄集》中所作题记

松龄年谱补遗》6 页，其三是第 1 版附录大荒先生的蒲学研究论文 11 篇，第 2 版再增《贷钱典衣购〈聊斋文集〉手稿记》1 篇。

半个多世纪过去了，大荒先生的《蒲松龄集》及《蒲松龄年谱》仍然是蒲学研究的重要文献，为今后的蒲学研究者提供了不可或缺的宝贵文献。

六、聊斋手稿　终献国家

大荒先生从青年时代就献身于蒲松龄著作的研究整理中，尤其对于蒲氏手稿的收集，几乎穷尽毕生的精力及财力。新中国成立前，大荒先生已收集《聊斋遗文》、《祭文》手稿本、同治己巳抄本等珍贵资料 290 余种、诗 355 首、俚曲 10 种。而在抗日战争中散佚者，更是难计其数。编辑《聊斋全集》所用资料保存到新中国成立后者，尚存17种、39册。这其中最珍贵者，应属蒲松龄亲自撰写的《聊斋文集》，这也是大荒先生抗战初期背着蒲氏手稿颠沛流离时所携带的其中一部分。

《聊斋文集》是目前少量存世的蒲松龄手稿之一。该集主要收录蒲氏撰写的祭文、挽联之类文辞。蒲松龄先生是我国清代著名的文学家，除撰有脍炙人口的《聊斋志异》外，还著有诗、文、词、曲等各种体裁的作品。在《聊斋文集》中，尤以引、疏、序、书启、婚启和拟表为最多，虽骈、散各体兼备，然而多是应酬之作，并非精心结撰的文字。蒲松龄自己也曾说："吾邑名公巨手……远迩以文事相烦者，仍不少也。……寒暑呻吟，极不可耐！以故凡有所作，集而成册，敢曰持此以问世哉？置诸案头，作应付之粉本耳。"尽管如此，但由于蒲松龄才华出众，偶尔点缀，即使是寻常制作，也受到时人和后人的称赞。清初文学家王士禛对聊斋先生文章评价较高，认为他"不斤斤宗法震川，而古折奥峭，又非拟王、李而得之，卓乎成家，其可传于后无疑也"。蒲松龄先生的挚友朱缃先生，对其更是推崇备至："今批读先生文，苍润特出，秀拔天半，而又不费支撑，天然夷旷，固已大奇；及细按之，则又精细透削，呈岚耸翠，非复人间有。"

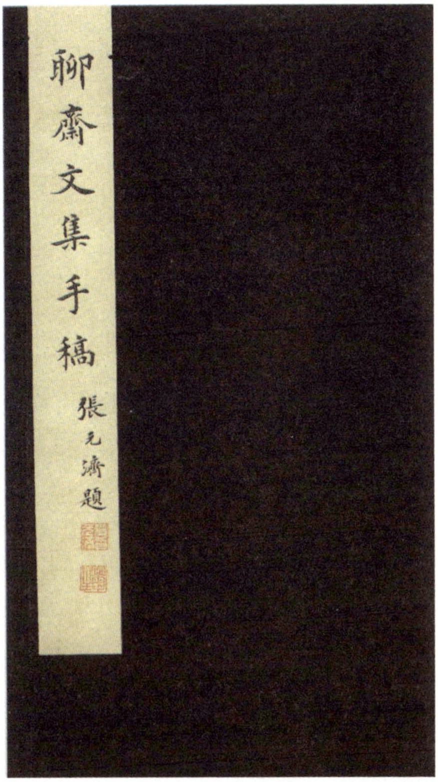

《聊斋文集手稿》封面

大荒先生收藏的《聊斋文集》稿本，共一册四十六页，

溥儒先生所绘《聊斋著书图》

每半页十行，每行二十七八字不等，原文全用行书撰写，字迹隽秀，潇洒奔放，而且古拙多姿，别具一格。文中很少有改动的地方，当是他晚年经过修订后而誊清的稿本。此稿本传至蒲氏后裔五世孙时还有记载："今所存者只有贺序一册、序疏碑文一册、婚启一册、祭文一册，皆先祖所手订。"（见蒲庭橘《聊斋文集》志）大荒先生收藏的《聊斋文集》稿本即此文所说的"祭文一册"。后来由于战乱，历尽沧桑，幸未损毁，至民国初年，才辗转归入大荒先生手中。大荒先生对获得的蒲氏手稿自然倍加珍惜，妥为保存。曾有一位日本古董商人，得知大荒先生藏有聊斋文稿，几番托人愿出重价收买，都被先生严词拒绝，使中华珍贵文献不致沦落海外。新中国成立前后，大荒先生曾多次出示手稿，邀请著名的文学家、书画家、版本学家题诗绘画。该书套签"聊斋文集手稿"，为张元济先生所题；封签"聊斋文集手稿"，是王献唐先生撰写。书的首页有《聊斋著书图》一幅，乃是著名画家溥儒先生所绘。王献唐先生题诗："《薤露》歌残手自书，柳泉妙笔似黄初。年来度入甸文馆，珍重人天万劫余。"王统

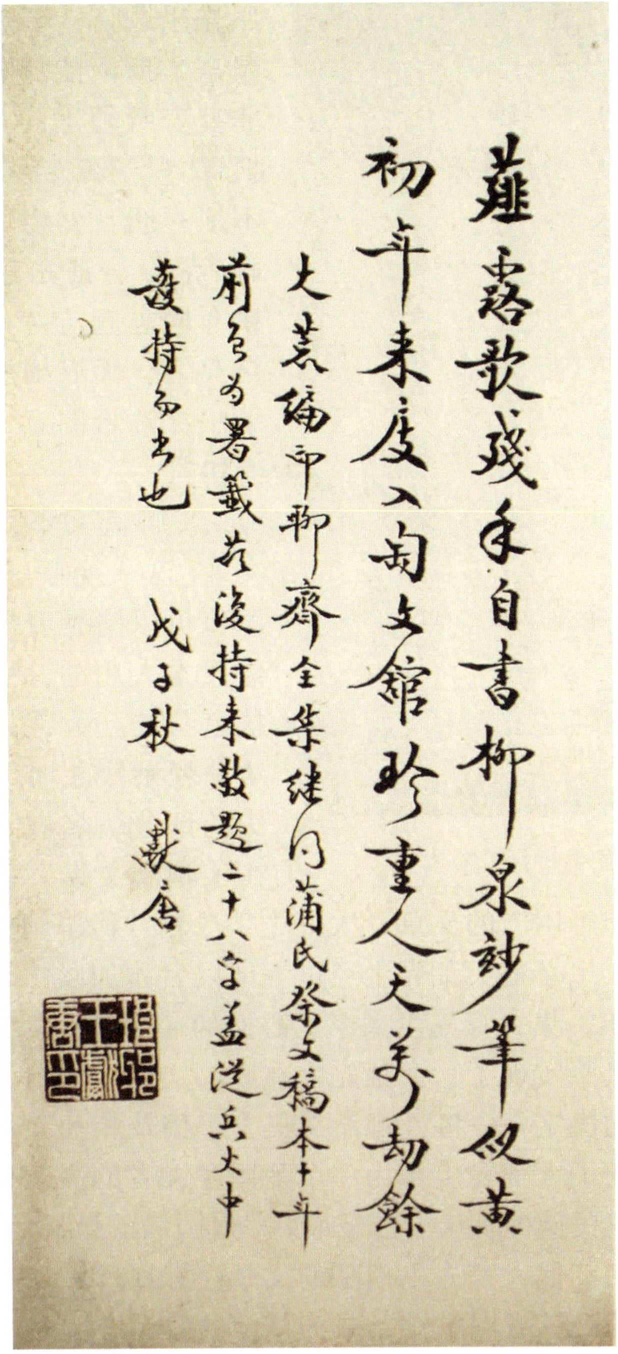

王献唐先生为《聊斋文集手稿》题诗

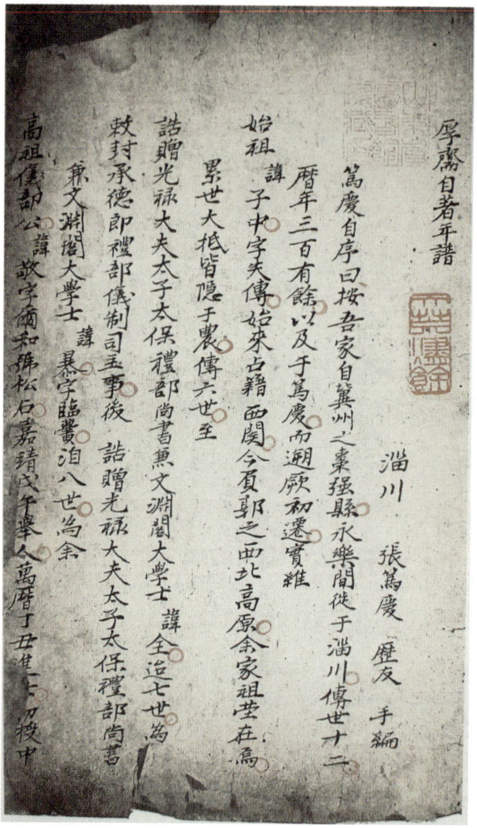
厚齋自著年譜

淄川　張篤慶　歷友　手編

篤慶自序曰按吾家自冀州之棗强縣永樂閒徙于淄川傳世十二曆年三百有餘以及于篤慶而遡厥初遷實維始祖　諱　子中字夫傳始來占籍西關今負郭之西北高原余家祖塋在焉累世大抵皆隱于農傳六世至誥贈光祿大夫太子太保禮部尚書兼文淵閣大學士　諱　全迨七世為敕封承德郎禮部儀制司主事後　誥贈光祿大夫太子太保禮部尚書兼文淵閣大學士　諱　暴字臨黌泊八世為余高祖儀部公諱　啟字賓和號松石嘉靖戊午舉人萬曆丁丑進士歷授中

大荒先生捐赠珍本

照先生题诗："摅思托笔借园亭，孤愤能舒鬼狐型。故非妄言听须正，西风凄响夜枫青。""疏宕为文字似之，不须衫履自然姿。人间尚有聊斋稿，合证先生绝妙词。"崔介同志题诗："无端歌哭自笑之，天衣绚烂不见丝。书法尽洗台阁意，宇内先睹为快时。"

《聊斋文集》稿共收祭文 42 篇、挽联十多副，从原稿可以清楚看出，哪些是蒲氏本人用的，哪些是代人执笔写的。大荒先生在编辑《蒲松龄集》时，曾将祭文中的部分篇名做了修改，如在《聊斋文集》手稿中一篇名为"祭李野臣"的文章，大荒先生改题"代毕刺史祭李侍御野臣文"，想必是大荒先生经过考证以后才加以修改的。

1962 年，集大荒先生大半生心血的《蒲松龄集》出版了，他毕生的夙愿实现了！大荒先生在欣喜之余，做出了一个他一生最重要的决定——将《聊斋文集》手稿及相关文献捐献给国家。这体现了大荒先生作为一个爱国主义者的高风亮节，同时对这一中华民族的瑰宝，也是最好、最圆满的结局。目前，《聊斋文集》与其他大荒先生捐献的文献完好地珍藏在大荒先生曾经工作过的山东省图书馆，成为该馆的镇馆之宝之一。

暮年篇

“我经二代兴亡事，认识到世乱知忠贞，疾风知劲草。……对我的片纸只字都要好好保存，尤其是年谱（指《蒲松龄年谱》），是我心血凝成的，你们更不能丢，日后随着时间的推移，遇有时机争取出版，还有重订的必要。”

大荒先生在最后的时间里，最念念不忘的还是他的蒲松龄研究……

東閣長春圖
己卯十二月製

一、故乡祖屋 慈祥祖父

1895年，大荒先生出生在山东省淄川县菜园村。路家的祖屋在1938年惨遭日寇的焚烧，有几间房屋完全焚毁，所幸大荒先生出生的房子损毁不太严重，现在老家的长辈还在那里居住。前几年大荒先生出生的祖屋被淄博市政府定为市级文物保护单位。新中国成立后，大荒先生由于工作繁忙，只回过老家一次。在仅存的一张大荒先生在老家的照片中，还可以看到被日寇烧毁而未重建的房屋废墟。

大荒先生在淄川老家被日寇烧毁的祖屋前留影

大荒先生夫人在淄川祖屋前留影

1938年，由于躲避日寇的追捕，大荒先生化名“路爱范”，来到了济南。多亏大荒先生的表弟高梦周先生鼎力帮助，并无偿地将秋柳园18号的住房借给他用，大荒先生始能安顿下来，并一直住到1951年。在秋柳园18号，大荒先生虽然化名隐居，但广泛交往山东乃至全国的专家学者们，继续从事他的蒲学研究，继续从事他的文物鉴赏及书画交流，并力所能及地利用他的影响力，团结爱国文人，义卖字画，

秋柳园故居远景

支持前方抗战义士。

我的爸爸、妈妈在秋柳园18号相识、相知、相爱，那里留下了他们美好的青春回忆。2001年，济南市实施了大明湖扩建改造工程，整个大明湖东部包括秋柳园都要拆迁。当我的爸爸、妈妈听说秋柳园老房子要面临拆迁时，感到非常惋惜。我们全家赶到秋柳园故地重游。当时年逾古稀的爸爸、妈妈特意在秋柳园故居门前合影留念，向这座满载着他们青春往事的建筑告别，向他们的父亲曾经居住过的建筑告别。社会各界人士也十分关注大荒先生的这座故居，当时山东及济南的几家主流媒体如《齐鲁晚报》《山东商报》《济南时报》等都就秋柳园18号拆迁问题做了大量的跟踪报道，呼吁能够保留下这座名人故居。虽然它最后还是被拆了，但在各级政府的重视下，在各位专家、各家媒体

2001年，我的父母亲在秋柳园故居留影

路大荒故居被拆除
考古人士连呼可惜

山东新闻

蒲学研究第一人故居被拆

本地事

路大荒故居是去是留?

《齐鲁晚报》《山东商报》《济南时报》等主流媒体对大荒先生秋柳园故居拆迁的报道

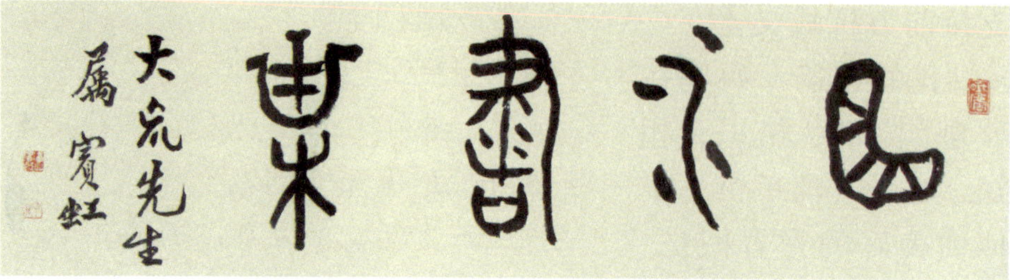

黄宾虹先生为大荒先生题“曲水书巢”

的大力呼吁下，最终使得大荒先生在曲水亭的故居得以保留。

1951 年，大荒先生生活逐渐安顿下来，他资助大女儿即我的大姑在济南曲水亭街 10 号（现曲水亭街 8 号）买了一个小四合院，与儿女们共同居住在这个院子里。位于济南大明湖畔南侧的曲水亭街，是一条有着众多人文轶事、充满着神秘与传奇色彩的老街。它北靠大明湖，南接西更道，东望德王府门，西邻府学文庙，闹中取静，环境清幽。全长不过五百余米，满眼尽是黛瓦青砖、小桥流水、古柳垂荫，是一条极具泉城风韵的古街。旧时在溪南河岸上，坐东朝西建有三间平房式亭子，四面临风，亭下流水，名曰“曲水亭”。清代著名书画家郑板桥先生游此即兴写了一副楹联：

曲水亭街路大荒故居大门

三椽茅舍，两道小桥；

几株垂杨，一湾流水。

这副楹联一直传吟至今。大荒先生的老朋友、省内著名书法家王讷先生当时曾写一幅书法作品“赠大荒移居曲水上”以致贺大荒先生乔迁新居。大荒先生将这所新居的书房命名为“曲水书巢”。我国著名书画家黄宾虹、商承祚等先生为其亲自题写斋名。1960年，大荒先生的老朋友张海清先生在白马山疗养院疗养时，大荒先生赠其小画并题诗一首：“荷叶如钱柳如丝，正是湖上夏初时。写此小幅聊寄意，藉慰海清所想思。”张海清先生即赋诗一首，答大荒先生赐画诗：“环章遥颁慰寂寥，胜似扁鹊医圭刀。联床话旧朝夕对，俨然曲水一书巢。”

这个四合院不大，铺满了青石板。进门处是翠绿色的葡萄架，每当夏季，上面挂满了紫玛瑙样的葡萄。乔迁新居时，大荒先生亲手在院子北屋前种了一棵石榴苗，待我长大时，它在泉水的滋润下，已长成一棵好大的石榴树。开花时节，火红的石榴花开满枝头。大荒先生住在北屋的正房，秋天时节，打开书房的窗户，就可看到累累的果实压弯了枝头。

我在曲水亭街故居中爷爷手植的石榴树下留影

儿时我的大姑、表姐与我和哥哥在大明湖合影

东屋前种了一棵开粉红色花朵的冰糖石榴，东屋有一面非常漂亮的花棂窗，我和爸爸、妈妈、哥哥就住在这个有花棂窗的屋子里。南屋住着大姑一家，由于我爸爸、妈妈工作很忙，我和哥哥从小就在这个院子里由大姑带大。此时的大荒先生已年过半百，他尽情地享受着和平年代子孙满堂、其乐融融的生活。

在这个温馨的小院子里，我每天看着爷爷读书写字，他书房的灯总是亮到很晚很晚；在这个小院子里，我看着爷爷的朋友出出进进，时而高谈阔论，时而低声地讨论着；在这个小院子里，几乎天天都有一个邮递员伯伯送来书信，奶奶或姑姑总是客气地送他出门；在这个小院子里，我幸福而又快乐地度过了童年时光。

时光荏苒，这座小院子进入21世纪时，已经面目全非。一个好好的四合院只剩下了一小半。所幸的是，大荒先生居住的北屋还在，窗前的石榴树还在，只是院子已经很小了。在省、市两级政府的重视下，在众多专家及媒体的呼吁下，2013年，山东省政府正式批复，曲水亭街8号路大荒故居为省级文物保护单位。

大荒先生在大明湖与家人合影（前排那个小女孩为作者）

大荒先生颠沛流离十几年，子女儿孙一直顾不上过问，两个儿子在老家还过着比较贫穷的生活。新中国成立后，大荒先生的生活有了明显改善，他首先想到的是儿孙的教育问题，尤其是女孩子的文化教育。

我是在爷爷身边长大的孙女，也是爷爷最小的孙女。爷爷给予了我更多

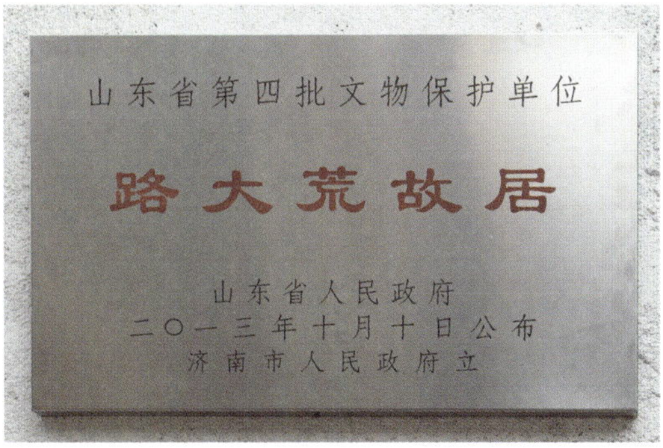

山东省文物保护单位铭牌

的慈爱和呵护。我自记事以来就听爷爷反复对我说，要好好读书，要养成读书的习惯，读书可以让你懂得做人的道理，读书可以让你了解外面广阔的世界，读书可以让你做一个有知识的人，读书可以让你做一个对社会有用的人。我小时候很多时间是在爷爷的书房度过的。《聊斋志异》彩绘本是我的最爱。我会爬上爷爷的书桌，看看那些有插图的书本。看着那些图画里的仙女，想象着我家墙上也会有漂亮的仙女姐姐走下来。我如饥似渴地阅读着各种读得懂或读不太懂的书籍，并且乐在其中。课余时间，爷爷会拿出一些线描的小画让我在一种半透明的纸上临摹，临摹好的话，他会在闲暇时表扬我几句。我喜欢作文课，每当我将老师写有表扬批语的作文拿给爷爷看时，爷爷总是在肯定我的成绩后，还要指出许多不足，希望我的功课做得更好。就是在“文革”时期，社会上最流行的是

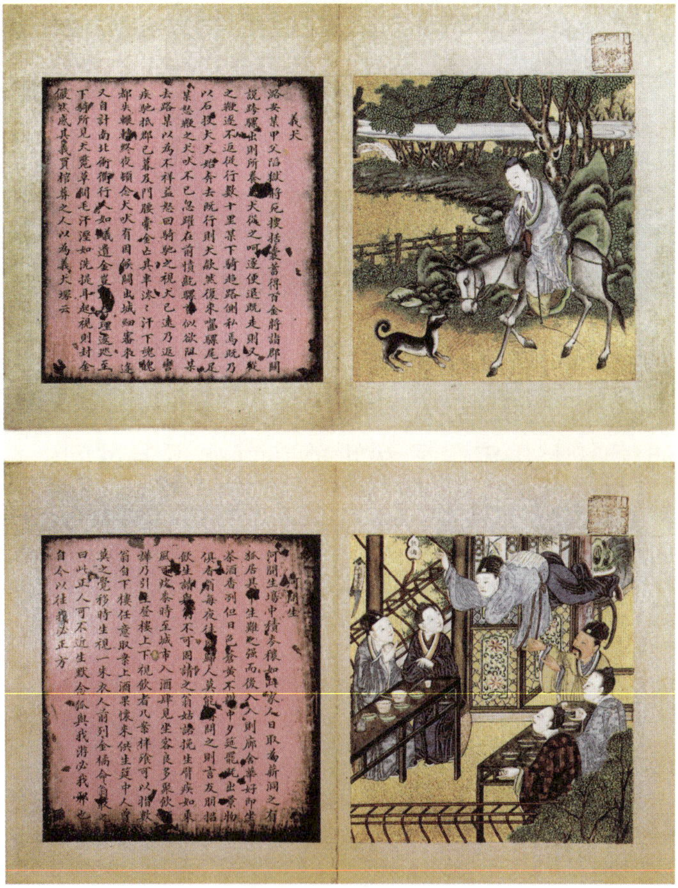

《聊斋志异》彩绘本

“读书无用论”时，爷爷仍希望我好好读书，做一个知书达理的人。

爷爷更是关怀着我那些生活在乡下的堂姐们。他不但给姐姐们寄去学费和学习用品，还给她们寄去《山东文学》等文学杂志，让她们课外多看书、多学习，将来做对社会有贡献的人。在写给我二伯父的信中，爷爷特意提到，寄给伯父补贴家用的钱中，有五元钱是我堂姐的学费，一并寄去书及本子等学习用品。并且表明，今后堂姐的学费他会按时寄去，不要耽误了堂姐的学业。在给我小堂姐的信中，爷爷写道：

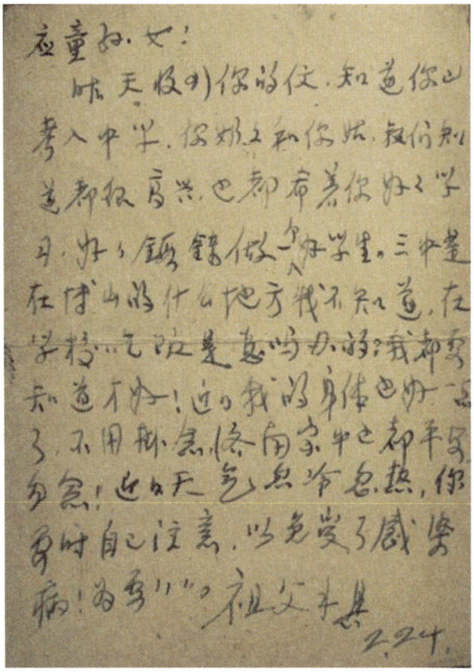
应童孙女！
昨天收到你的信，知道你已考入中学，你奶奶和你姑、叔们知道都很高兴，也都希着你好好学习，好好锻炼，做一个好学生。三中是在博山的什么地方我不知道，在学校吃饭是怎吗办的？我都要知道才好！近日我的身体也好一点了，不用挂念。济南家中也都平安，勿念！近日天气忽冷忽热，你要时时自己注意，以免受了感染病！为要！！ 祖父来具
2.24.

20世纪50年代大荒先生给老家孙女的信

应童孙女：

昨天收到你的信，知道你已考入中学，你奶奶和你姑、叔们知道都很高兴，也都希着你好好学习，好好锻炼，做一个好学生。……在学校吃饭是怎吗办的？我都要知道才好！近日我的身体也好一点了，不用挂念。济南家中也都平安，勿念！近日天气忽冷忽热，你要时时自己注意，以免受了感染病……

祖父来具

2.24

今天，当我们读到这些信件，仍然可以感受到那个慈祥、开

明的祖父对孙女的一片爱意，仿佛慈爱的爷爷又回到了我们身边。

在20世纪50年代，女孩子上学读书的现象不是太普遍，但我在老家的几个堂姐都先后收到爷爷的来信和资助。几个堂姐在爷爷的直接资助下，都先后读完了中学，有的读完了商校。我的大堂姐在50年代初成为县里第一批女拖拉机手。现在虽然她已进入古稀之年，仍然是她们村里女孩子的偶像。记得十几年前我抽空到大堂姐家探望，在村头向一位年轻的女孩打听她的地址时，女孩子欣喜地回答："就是那位咱们淄博第一个会开拖拉机的老娘娘吧，我带您去！"

我的小堂姐在60年代高中毕业后毅然报名支援西藏建设。当她决定报名时，我的伯父、伯母担心西藏太艰苦了，不同意堂姐去。爷爷发表了他至关重要的意见："彤儿，你要站在菜园村口，看到全中国，看到全世界，好儿女志在四方。彤儿，去吧，爷爷支持你。"堂姐在爷爷的支持下，成为西藏第一批现代产业工人，为西藏的现代化建设和为西藏的繁荣昌盛做出了应有的贡献。现在堂姐虽然已经退休了，但西藏的工作经历是她一生的骄傲。我的另外几位堂姐也在各自的工作岗位上努力地工作。她们每人都将爷爷鼓励她们学习的信件悉心地收藏着，这些信件都是她们学习、工作和生活的动力。

二、"文革"浩劫　含冤离世

1966年初，一场史无前例的"文化大革命"——中国历史上的一场"文化浩劫"开始了。这场"革命"给全国带来了无法估计的重创，也给正在废寝忘食工作的大荒先生带来了灭顶的灾难。蒲松龄著作的整理研究工作停止了，古籍善本的研究停止了，名胜古迹的调查修复工作停止了，教书育人的工作停止了……取而代之的是一场接一场的批斗、检查。"资产阶级反动学术权威”“牛鬼蛇神”“封资修反动余孽”……一个又一个大帽子接二连三地戴在了大荒先生的头上。大荒先生的家被反复查抄，并被勒令将所有“封资修”的东西全部上缴“革命委员会”。聊斋轶文、秦汉瓦当、敦煌壁画、元史底稿、文人字画……统统像垃圾一样被拉走了。大荒先生堂屋地面是青砖铺地，因曲水亭街临河而建，比较潮湿，有几块青砖有点活动，“造反派”硬说地下藏有东西，于是在堂屋掀开青砖，挖地三尺，但终究没有找到任何东西。真是荒唐至极！

在那些日子里，大荒先生想不通啊！他为了蒲氏文稿，受到日寇的通缉；他为了蒲氏文稿，可以撇家舍业，可以隐姓埋名，可以倾家荡产；他为蒲学研究，贡献了他大半生的生命。但顷刻间，《聊斋志异》是写妖魔鬼怪的“大毒草”，这一切都成为封建腐朽的反动行为。这对于一位视蒲学研究为自己生命的70多岁老人的打击是致命的。由于精神和肉体的双重折磨，大荒先生病倒了，高血压、心脏病、糖尿病、脑梗塞等疾病向他袭来。大荒先生只能拖着病体，每天早上准时向“造反派”报到，脖子上挂着“反动学术权威”的大牌子，接受“批判和教育”：

“你家这么多文物，是抢得谁的！”

“是我买的。”

“谁来证明你是买的。”

“我有购买记录。”

“胡说！谁能证明你的购买记录是真的！”

“你在旧社会骑在劳动人民身上作威作福，享受着什么样的荣华富贵？”

“我在旧社会尤其抗战时期隐名埋姓，吃不饱穿不暖，吃的是三合面的窝窝头。新社会我才集中精力搞学问。”

“胡说！你搞的是‘封资修’的东西，不许研究封建的死人的东西！《蒲松龄集》是毒害人民的‘大毒草’！”

“革命形势”越来越猛烈了，一些著名老专家、老教授在单位被批斗后，回到家还要受到家人的批判，他们的精神终于崩溃了，有人走上了自杀的道路。但值得欣慰的是，大荒先生的家人不是这样的，他们淳朴、善良，并非常孝顺。要知道，在那个年代里，“孝顺”也是“封资修”的东西。我的大姑说：“我爹爹身体不好，年纪又大了，整天去参加批斗会，身体实在是受不了。我又不上班，我就陪着我爹爹挨斗吧。”在那些日子里，人们总是能看到这样的情景，每天早上，我的父亲和姑姑搀扶着颤颤巍巍、两腿虚肿的爷爷到单位报到后，父亲赶到医院上班。在批斗会上，我姑姑搀扶着爷爷接受批斗。批斗会结束后，又搀扶着老人走过鹊华桥，经过百花洲，回到曲水亭的住所。在这一点上，大荒先生是欣慰的，他曾说过，他的儿女是善良的、正直的，没有泯灭良心。

曲水亭街南端百花洲，大荒先生生前每天步行经过这里到山东省图书馆上班，2001 年我与父母在此合影

虽然“革命形势”越来越猛烈，但善良的人们良心未泯。爸爸在后来的日子里多次回忆，因年老体弱，爷爷在批斗时站不稳，险些摔倒。这时，人群里有声音发出：“让路老先生坐下批斗吧。”这虽然在当时只是寥寥数语，但也温暖了我爷爷及我们全家人的心。

大荒先生由著名画家黄宾虹题写的“曲水书巢”书斋，曾经满满当当地堆满了书，现在四壁萧然，荡然无存。珍贵的古籍善本、书法字画、聊斋文稿、各种版本的《聊斋志异》及研究文章，也包括我儿时的启蒙画册——《聊斋志异》彩绘本，统统没有了。地上铺地的青砖也被掀开了，唯独墙角下遗留着一方小印章，上面刻着“历劫不灭”，似乎在诠释着什么……但大荒先生的身体越来越差了，他预感到时日不多了。

“历劫不灭”图章

1971 年 12 月 27 日晚间，大荒先生将我伯父和我父亲两人唤于病床前嘱咐：

> 我经二代兴亡事，认识到世乱知忠贞，疾风知劲草。蒲松龄诞生在明清交替时刻，出现的人物应有忠奸之别，是非之分。洪承畴是汉奸，史可法是忠良，历史是无情的，逃脱不了社会人士公正的判断。清初文网缜密，蒲松龄能躲过了可怕文字狱这一关，没有被抄家灭族，真是万分侥幸，最庆幸的是后人能见到他的《聊斋志异》……那时秀才没有地位，可以说是文丐。清初有令，秀才不得干预朝政，否则依法论处。蒲氏晚年做了贡生，曾经与衙门里的漕粮官打过官司，理由很充分却没有打赢，我看很不公平。这在《聊斋志异》中许多故事皆有反映：《席方平》中的席方平对贪官污吏敢予斗争，有彻底的革命精神。《续黄粱》

故事也足以令人深省。

今后做事不可疏忽大意，做得不对，不能因事小原谅自己，对别人点滴好事都要学习。对我的片纸只字都要好好保存，尤其是年谱（指《蒲松龄年谱》），是我心血凝成的，你们更不能丢，日后随着时间的推移，遇有时机争取出版，还有重订的必要。

大荒先生在最后的时间里，最念念不忘的还是他的蒲松龄研究……

1972年的夏天，曲水亭8号北屋大荒先生的卧室北墙已经开裂，连绵的淫雨通过堵塞的稻草流进屋里。珍珠泉和王府池子的泉水满溢，流进曲水亭街的小河。房间的地面上缺少了青砖的庇护，弥漫着水气。也许在最后的时日里，大荒先生才终于读懂了蒲松龄《聊斋自序》中的几句话：“独是子夜荧荧，灯昏欲蕊，萧斋瑟瑟，案冷疑冰。集腋为裘，妄续《幽冥》之录；浮白载笔，仅成孤愤之书。寄托如此，亦足悲矣！嗟乎！惊霜寒雀，抱树无温；吊月秋虫，偎阑自热。知我者，其在青林黑塞间乎！”

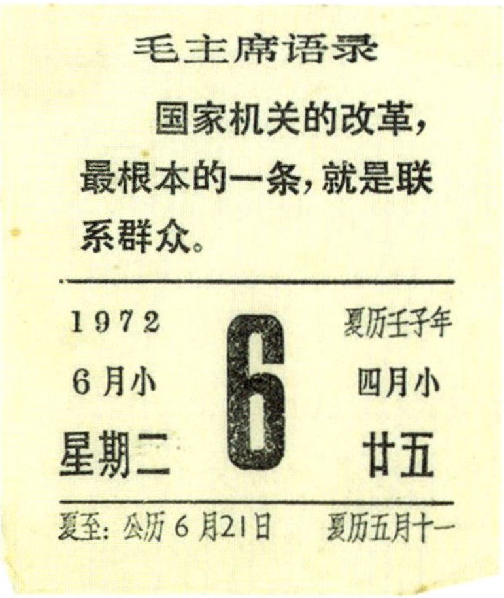

大荒先生去世时书桌上的台历

1972年6月6日，大荒先生去世，终年77岁。

三、平反昭雪 文脉永存

1976年，中国人民终于迎来了“文革”的终结。1980

路大荒同志追悼会现场

年 9 月 2 日，山东省文化局在济南英雄山烈士陵园礼堂为大荒先生召开了一场迟到但是隆重的追悼大会。大会郑重宣布：林彪、“四人帮”强加给路大荒先生的一切不实之词统统推倒，给予恢复名誉。中国文联主席周扬同志发来唁电，上海古籍出版社、上海人民出版社、《文学遗产》编辑部等纷纷发来唁电、唁函。大荒先生多年的好朋友、中山大学商承祚先生，中国社会科学院文学研究所吴晓铃先生、傅懋勣先生，北京张友鸾先生，上海人民出版社胡道静先生，王献唐先生的长子王国华先生，山东大学关德栋先生，山东艺术学院黑伯龙先生、张彦青先生等纷纷发来唁函，沉痛悼念他们的好友。许多省领导、大荒先生的好友撰写了挽联。

时任山东省副省长的高启云同志题写：

蒲学先驱。

追悼会场余修、高启云等先生挽联

原副省长余修同志的挽联：

秋风生哀，荒坟冷月，阴曹妖鬼怨柳泉；

花落悲心，宿草萤多，中外友朋悼大荒。

傅大卣先生的挽联：

曲水亭畔，研治聊斋，成绩卓著传后世；

痛失良友，音容长在，奋力长征慰英灵。

严薇青先生的挽联：

蒲集行时，诗文词曲称巨著；

大雅云亡，音容笑貌思完人。

李子久先生的挽联：

一生辛劳，为修辑史乘，保存国家民族重要文献；

两载沉疴，当病笃弥留，犹念乡邦先贤珍贵手泽。

李森文先生的挽联：

蒲松龄异代知己，

聊斋学研究专家。

张亦轩先生的挽联：

网罗三百载，集聊斋之大成，柳泉故居共说鬼；

论文四十年，忆秋园于旧梦，曲水新亭倍怆神。

张海清先生的挽联：

为聊斋先生搜寻遗篇，历尽千辛万苦；

愿大荒兄长含笑九泉，流芳奕世亿年。

关天相先生的挽联：

毕生考古，是为路史功臣；

经世文章，乃成蒲学专家。

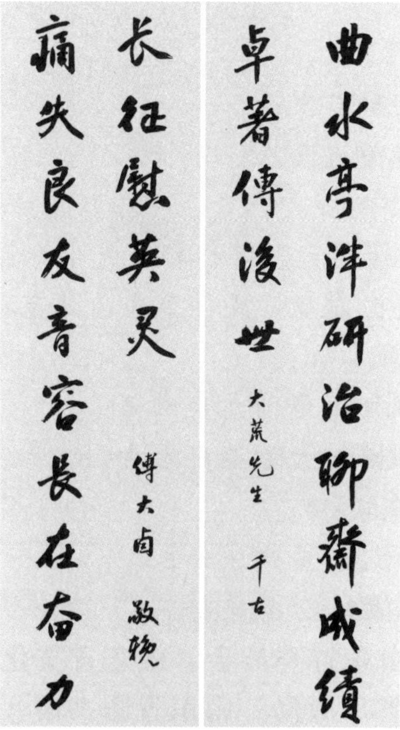

傅大卣先生挽联

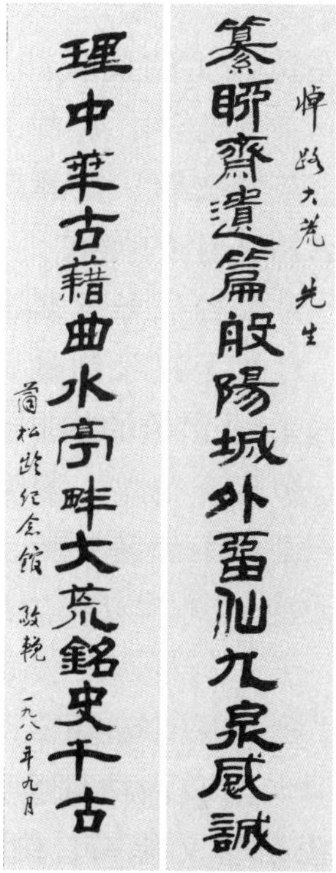

蒲松龄纪念馆挽联

大荒先生家人在追悼会场合影（前排左一为作者）

陈左黄先生的挽联：

究研蒲学，有灼见的称专家；

赏鉴文物，具卓识者为大匠。

吴云涛先生的挽联：

为乡邦文献搜辑，毕生尽瘁，堪称聊斋先生身后知己；

对祖国建设创造，大力发扬，咸仰革命前辈艺苑楷模。

蒲松龄纪念馆的挽联：

纂聊斋遗篇，般阳城外，留仙九泉感诚；

理中华古籍，曲水亭畔，大荒铭史千古。

王天池、刘承宏先生的挽联：

毕生从事蒲著搜求编订，蜚声中外；

精心探讨古籍鉴别收藏，芳誉桑梓。

中国人民政治协商会议山东省委员会、山东省文化教育委员会、山东省文化局、山东省出版局、山东省图书馆、山东省博物馆、山东省美术馆、山东省文学社、山东省文物总店、济南市文学艺术工作者联合会、淄博市蒲松龄纪念馆、曲阜文物管理委员会等单位及大荒先生的众多亲朋好友都送来了花圈，沉痛悼念这位历尽坎坷真心不改的蒲学专家，对大荒先生得到平反、恢复名誉而感到欣慰。

山东省图书馆90周年馆庆时大荒先生的小儿子、我父亲在书库留影

1999年，山东省图书馆举行了建馆90周年馆庆，给我父亲发来了邀请函。我因承担一项动态血压监测的国际合作项目，正在日本东京进行学术交流，没能陪同父亲前往参加馆庆。但从父亲带回来的材料来看，山东

感谢路大荒先生对山东省图书馆事业发展做出的巨大贡献！

山东省图书馆

山东省图书馆90周年馆庆时授予大荒先生的奖状

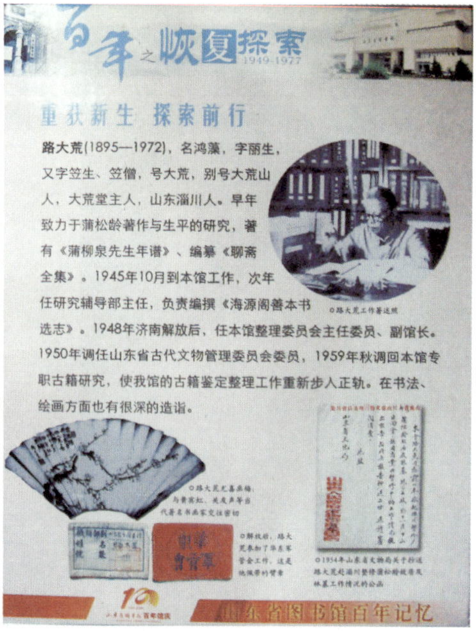

山东省图书馆100周年馆庆时大荒先生展板

省图书馆给予爷爷很高的评价：“感谢路大荒先生对山东省图书馆事业发展做出的巨大贡献！”而且在这次会议上，父亲又与多年失去联系的王献唐先生家人重逢，大家在一起重叙往事，感慨万千。

时光流转到2009年，山东省图书馆迎来了百年馆庆。因我父亲已经去世，我们家与山东省图书馆已失去了联系。山东省图书馆的有关领导通过多方查找，终于

作者在研讨会上作了《路大荒先生与山东文物古迹遗址》的发言

作者（后排右二）与王献唐先生、屈万里先生、栾调甫先生的后人合影

联系了我，并告知在百年庆典上，要隆重举办“王献唐屈万里路大荒学术研讨会”，希望我能提供有关材料及论文，并希望大荒先生的后人能够参加省图的百年馆庆。2009年6月4日，山东省图书馆百年馆庆系列活动——“王献唐屈万里路大荒学术研讨会”在新落成的山东省图书馆大楼隆重开幕。来自国内外的专家教授对山东省图书馆建馆百年以来做出卓越贡献的三位先生的崇高学术品德、学术思想、学术成就及贡献等方面进行了深入的研讨，并对三位先生表示了深深的敬意。在路大荒先生研讨会上，诸位专家教授对大荒先生做人的铮铮铁骨、做学术的忘我追求、作为蒲学先驱的学术地位，以及在山东文物保护、古籍善本的抢救整理及考古发现等方面做出的杰出贡献进行了较为深入的研究与探讨。我作为大荒先生的后人，也做了相关的发言。在这个隆重又充满学术氛围的会议上，我脑海

“历劫不灭”图章及边款

中又浮现出爷爷的那枚印章——“历劫不灭”。应该说它象征着中华民族历劫不灭，中华民族的优秀文化传统历劫不灭。大荒先生他们这一代学者一生历尽坎坷，但对中华民族优秀文化传统的执着追求和保护“历劫不灭”。

交游篇

大荒先生性情真挚豪爽，为人坦率，不拘小节，对待朋友有求必应。在他一生的道路上，结交了众多志同道合的朋友。无论是在淄川的青年时代，还是抗战隐居济南的蹉跎岁月，无论在大明湖畔的秋柳园，还是曲水亭旁的曲水书巢，大荒先生家中总是高朋满座，往来无白丁。这些朋友在蒲学研究、书画交流、金石考古、版本鉴定、文物鉴赏、文物保护等方面分享着他的喜悦，分担着他的困惑和痛苦。这些朋友是大荒先生一生的宝贵财富。

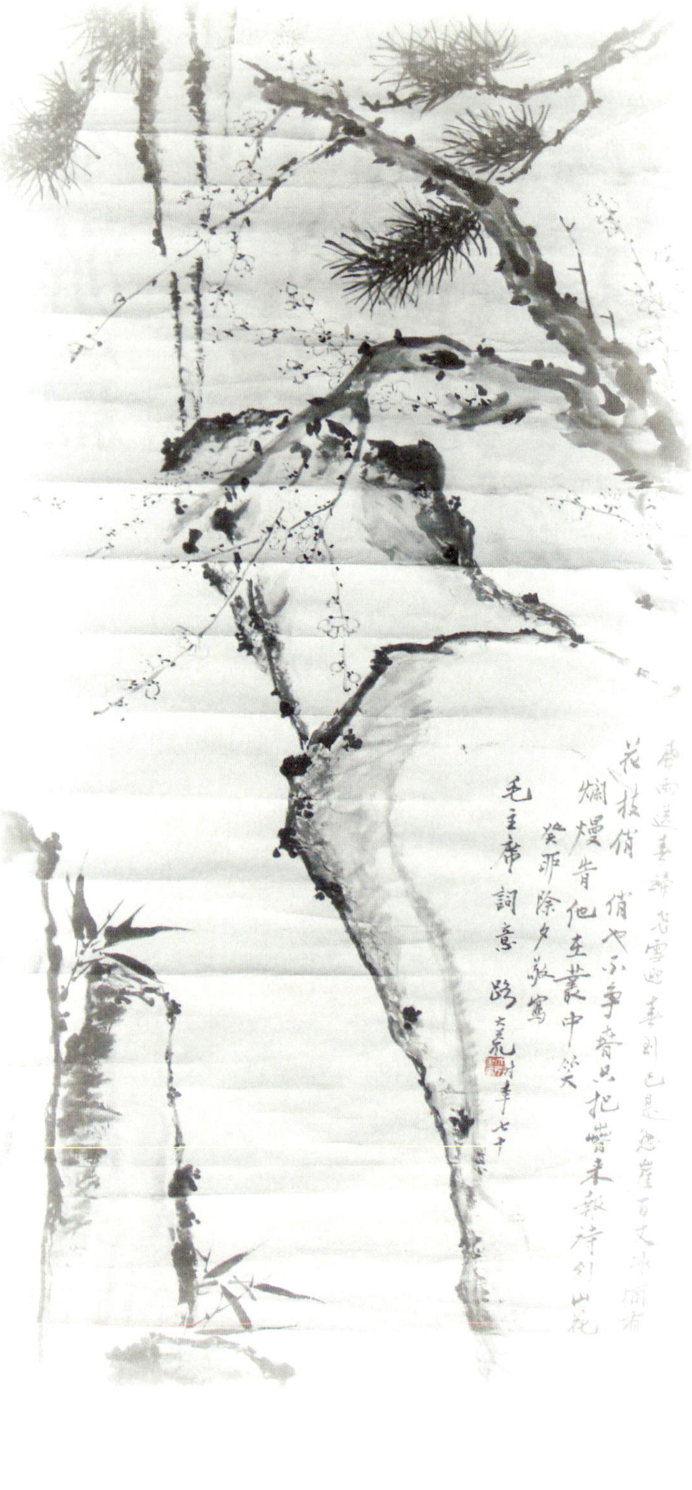
風雨送春歸飛雪迎春到已是懸崖百丈冰猶有
花枝俏 俏也不爭春只把春來報待到山花
爛熳時他在叢中笑
癸丑除夕敬寫
毛主席詞意 路大荒時年七十

陈悲鸣画大荒先生像

早在大荒先生青年时代，在故乡淄川这块土地上，由于共同的蒲学研究，他结识了一批国内外的专家学者，既包括日本蒲学研究专家平井雅尾、山下奉彦等先生，也有我国著名的哲学家、国学大师梁漱溟先生，新文化运动的先驱胡适先生等人。

抗战时期，大荒先生隐居在济南后，结识了更多志同道合的学者、画家、文人。民国期间，我国书画界号称“南张北溥黄一家”，是指张大千、溥心畬及黄宾虹三位先生，而大荒先生与溥心畬、黄宾虹均有深厚的友谊。在秋柳园隐居期间，当时山东著名的书画家关际颐（友声）、黑元吉（伯龙）、弭菊田、王讷（墨仙）、刘大同（芝叟）、俞建华、陈悲鸣等先生都是大荒先生的座上客。大荒先生与张茂才、金棻、张彦青、魏启后、于希宁、吴天墀、黄立荪、岳祥

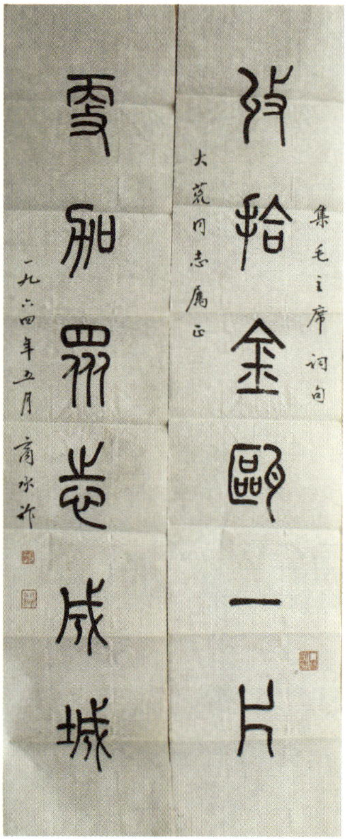

商承祚先生赠大荒先生对联

书、王小古、赫保真、张鹤云等山东书画家均有友好往来，许多先生是大荒先生一生的好友。在金石、版本目录、文字学等领域中，大荒先生与王献唐、栾调甫等先生共同高举朴素求真的“齐鲁学派”大旗，就学术成就与私人交往而言，可并称为“山左三杰”。当时的社会名流、著名文物收藏鉴赏家辛铸九、劳福泉、高子元等先生，书画文物收藏爱好者张海清、张亦轩诸位先生因共同的兴趣爱好都与大荒先生相交甚好。

在蒲学研究的道路上，更是离不开国内外众多志同道合挚友的一路相伴。捷克斯洛伐克汉学家普实克教授，著名学者王统照、王献唐、崔介、陶钝、张友鸾、张友鹤、商承祚、容庚、张伯驹、张恨水、冯沅君、刘阶平、田仲济、关德栋、严薇青、袁世硕等先生都是大荒先生一生不可多得的好朋友。时过境迁，大半个世纪过去了。很遗憾，作为晚辈，我能够掌握的材料少之又少，只能在目前的资料中寻寻觅觅，力图能够展现他们昔日真挚的友谊以及共同为祖国文化事业做出的不可磨灭的贡献。

一、梁漱溟：最后的儒家，乡村建设的知音

梁漱溟先生（1893—1988）是中国著名的思想家、哲学家、教育家、社会活动家、国学大师。他主要研究人生问题和社会

梁漱溟先生送大荒先生的书法成扇

问题，是现代新儒家的早期代表人物之一，有“中国最后一位儒家”之称。梁漱溟先生是著名的爱国民主人士。甲午战争前，他与同时代的志士仁人一样，为民族独立、为国家富强积极追求探索。他曾醉心于西方政治制度在中国出现，先赞成君主立宪，随后又加入同盟会，投身辛亥革命。后来梁漱溟先生转入从中国传统文化中寻求改造旧中国、建设新中国的“路向”。他认为中国是“伦理本位，职业分途”的特殊社会形态，必须从农村入手以教育为手段来改造社会，并积极从事乡村建设的实践。梁漱溟先生于 1930 年在他主编的《村治》刊物上发表了《山东乡村建设研究院设立旨趣及办法概要》，并于 1931 年 1 月说服了时任山东省省长的韩复榘，赴山东邹平筹办山东乡村建设研究院，划邹平为乡村建设实验县。乡设乡学，村设村学，以教统政，政教合一，从政治、文化、教育、风俗等方面进行了改良。此次乡村建设实验长达七年，后又推广到济宁、菏泽等地，直到日寇入侵中国才被迫停止。梁漱溟先生身体力行，给当时的山东农村带来了一股新鲜的清风，也给年轻的大荒先生带来了惊喜和希望。梁先生教育救国的思想与大荒先生当时的思想不谋而合。在大荒先生的日记中，可以看到他是多么赞同梁先生的主张。

大荒先生在 1932 年的日记中详细记录了他首次参观乡村研究院的情景：

山东乡村研究院（梁漱溟先生主办）设于邹平。早想着去参观，今日才将好逸恶劳的心战胜了，四月七日约孟俊生于下午五点三十分由淄川西关乘汽车往周村，六点半即达目的地，即同俊生住朋友处（鸿昌义）。

八日，乘人力车向邹平出发，幸当日雨过天晴，丽日和风，经过村庄绿柳垂杨、麦陇秀清。远望长白、白云二山高矗云霄，真是一幅天然图画，身作画中主人翁，觉得万分快乐，旅行为人生活中美的享受。到此领略了两个时辰的好风光……询到研究院门首的传达者说明来意，须臾约入招待室。经一许先生接见，用和蔼的态度来与我们谈话，也觉得十二分的可敬。

该院设训练部，地址为旧舍后稍加整理，学员均住于此。旋即经一高先生引导，过招待室后门，参观训练部全部，适学员正在休息间，个个表现出朴诚的态度。忽遇旧同学数位，不胜惊喜若狂，寒暄数语，即被引导赴研究部参观。该部在训练部之东，地址为一旧庙，略加修葺，地虽较小，亦整洁，旧舍整新深深地表现出我们老大的国家维新成功的模样；将自己的文明仍然保存着朴诚的作风，而是用科学方法加以发展，即成为甚好的东西。学员多数正在讲室自习，却体现敏思好学的样子。出该部后，经旧同学孟、邹二君引导参观农场，是处为一旧教堂改建的，约十余亩，分田艺、园艺、畜牧。田园均在播种，畜牧养着利行鸡、波支猪、奶羊等。旋入一室休息，由孟同学介绍鲁溪先生详细说明该院设施及对邹平考察各区土壤，需要派学员分别指导合作。我听到之后与去岁我拟创好流动牧师分乡指导法系相合，改良鸡种、猪种将来对于农村经济发展亦有很大关系。先生讲话历时许。出场门后，与孟、邹二君握手告别，仍伴孟俊生原路返回。

途中深感于鲁君与我们谈话时诚恳的态度。到了周村，可爱的太阳亦宣告下野了，待它东山再起的时候，我即乘汽车转归家中，才将昨日情形和感想记出。

大荒先生当时认为，梁漱溟先生放弃北京大学教授职位，到偏远的山东邹平农村地区搞乡村建设，且搞得如此成功，非常令人敬佩。儒家的义理放在农村去唤醒民众、去教育、去实践，实现儒家教育救国，与大荒先生体育强身救国、知识教育救国的理想具有异曲同工之妙！他们的友谊就是从山东乡村建设开始的。尽管经过半个多世纪的沧桑巨变，我们家仍然珍藏着梁漱溟先生送给大荒先生的一把书法成扇，它真实记录了两位先生之间的友谊。1976 年，大荒先生在去世四年后，终于迎来了“文革”的终结。1980 年，山东省政府为大荒先生举行了隆重的追悼大会。1987 年，家人遵照大荒先生生前遗嘱，将遗体运回淄川老家安葬。已 95 岁高龄的梁漱溟老人亲自为大荒先生题写墓碑：“一九八七年　路大荒先生之墓　梁漱溟题。”

梁漱溟先生亲笔题写的大荒先生墓碑

二、胡适：新文化领袖，蒲学早期研究同道

胡适（1891—1962），原名嗣穈，字适之，安徽绩溪人。胡适因提倡文学改良而成为新文化运动的领袖之一，对中国

胡适先生

近代史产生了深远的影响。胡适兴趣广泛，著述丰富，早在1918年3月15日在北京大学作的题为“论短篇小说”的讲演中，就对《聊斋志异》做了客观公允的评价。他说：“《聊斋》的小说，平心而论，实在高出唐人的小说。蒲松龄虽喜说鬼狐，但他写鬼狐却都是人情世故，于理想主义之中，却带几分写实的性质。这实在是他的长处。只可惜文言不是能写人情世故的利器。”在这段话中，胡适认为《聊斋志异》不仅是明清文言短篇小说的代表作，而且其中的一些优秀篇章超越了唐传奇，这无疑将《聊斋志异》推到了中国文言短篇小说最高峰的位置。同时，他也指出《聊斋志异》浪漫主义与现实主义相结合的手法，流露出了对《聊斋志异》由衷的欣赏与推崇。

20世纪30年代，胡适写有两篇专题研究蒲松龄的重要文章。一为《辨伪举例——蒲松龄的生年考》，作于1931年9月5日，初刊于1932年3月10日《新月》第四卷第一号；一为《〈醒世姻缘传〉考证》，作于1931年12月13日。这两篇文章均收入1935年商务印书馆出版的《胡适论学近著》第一集卷三。也正是因为这两篇关于蒲松龄研究的文章，胡适先生与大荒先生成为蒲学研究的好朋友。

早在青年时代，大荒先生就在蒲学研究上崭露头角，收集了较多的蒲氏资料。大荒先生所藏的资料，遇有来索借者，多慨然应允，或抄赠，或借阅，从不独占。大荒先生与胡适先生的友谊就是在蒲氏研究中建立起来的。现代意义上的蒲松龄研究，以鲁迅先生的《中国小说史略》为发端。但鲁迅先生使用的《聊斋文集》是一个坊间刊本，其所附的张元《柳泉蒲先生墓表》文字多有错讹，致使鲁迅定蒲松龄生于1630年，卒于1715年，年86岁。1931年，胡适先生写了《辨伪举例——蒲松龄的生年考》，论定蒲松龄生于明崇祯十三年（1640），得年76岁。胡适先生后来在《〈醒世姻缘传〉考证》附录二《跋张元的柳泉蒲先生墓表》中，谈到了大荒先生对他的帮助："去年淄川的路大荒先生在蒲松龄的墓上寻得此碑，拓了一份寄给我，我拿来细校各种传本，知道路先生的拓本每行底下缺四个字，大概是埋在泥土中了。所以我请他把泥土挖开，再拓一份。路先生接到我的信，正当十二月寒冷的天气，他冒大风去挖土拓碑，'水可结冰，蜡墨都不能用；往返四次，才勉强拓成'。他的热心使我们今日得读此碑的全文，得知蒲松龄的事实，得解决许多校勘和考据的疑难，这是我最感激的。"此文最初发表于《益世报》，胡适先生特寄大荒先生一份，以为纪念。

胡适的《〈醒世姻缘传〉考证》也是一篇较有影响力的文章。在这篇3万余字的长文中，胡适主要采用了近人邓之诚编的《骨董琐记》中的材料，来求证《醒世姻缘传》的作者是蒲松龄。但大荒先生经过严谨的考证，对这一观点提出了否定意见。他在《整理蒲松龄诗文杂著俚曲的经过》一文中，对《醒世姻缘传》从四个方面进行了全面详细的考证，认定该文作者并非蒲松龄先生，故未在《蒲松龄集》中采录。

他们这一代文人就是这样在不断的认真挖掘考证中还原着历史的本来面目。

三、溥心畬：著名书画家，金石书画知音

溥心畬先生

溥心畬（1896—1963），原名溥儒，满族，爱新觉罗氏，是皇亲贵胄，为清道光帝之曾孙，恭亲王奕䜣之孙。初字仲衡，改字心畬，自号羲皇上人、西山逸士，“旧王孙”也是其自号，且流传最广。溥心畬先生是我国著名的国画家，1926年，在北京中山公园举办首次书画展览，声名大噪。据台静农《有关逸士二三事》讲述，“他的润笔在北京琉璃厂肆固然是居第一位”。

大荒先生与溥心畬先生自抗战前即相识。1938年11月，大荒先生作北平之游，日记中所记一事即拜会溥心畬先生，并请他为自己珍藏的《聊斋文集》绘制《聊斋著书图》。该图绘画精美，在一崇山峻岭下，一间茅屋位于苍翠林木之中。屋旁小桥弯弯，溪水潺潺，一老翁端坐屋中，专心致志著书立说。画面上角题“聊斋著书图　庚申岁暮　大荒先生属作　溥儒”。此图与《聊斋文集》手稿一起，大荒先生于1962年捐献给山东省图书馆，现为山东省

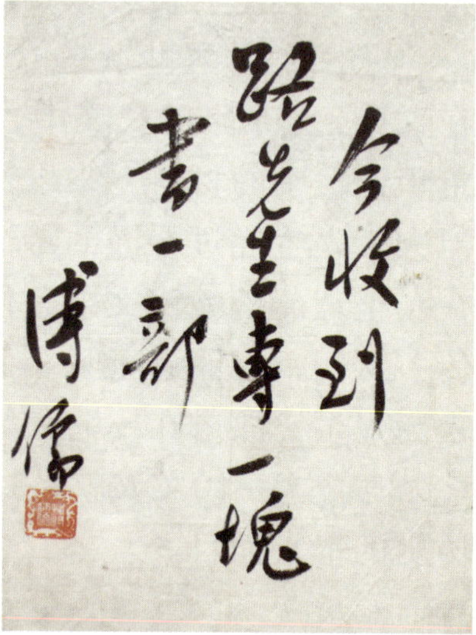

溥儒先生的收据

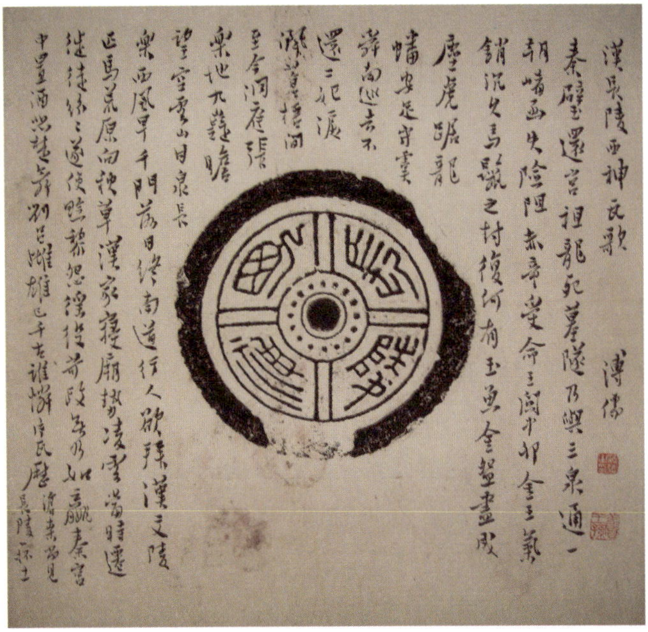

溥儒先生赠大荒先生汉瓦拓片书法

图书馆镇馆之宝之一。

20 世纪 40 年代是大荒先生与溥心畬先生交往最为频繁的时期。溥先生不但书画造诣甚高，对金石文字也具有高超的鉴赏水平。他非常喜爱战国陶文、秦砖汉瓦等文物。因山东是具有悠久历史文化的文物大省，战国时期是齐国及鲁国所在地，所以溥先生希望大荒先生能够帮他搜集一些文物。当时在潍县、临淄一带，当地农民在田间拾取有文字的陶片、瓦当换钱或粮食。大荒先生经常到乡间悉心搜集汉代瓦当等文物，并徜徉在各个文物店，一旦收集到精品文物，他就通过济南的朋友张海清先生捎到溥心畬先生家中。当时张海清先生是一位喜欢书法及金石研究的青年，供职于铁路局机务段，每月跑两趟北平，往来两地较为方便，便充当了大荒先生与溥心畬先生的信使。每次收到物品，溥先生总是认真地写下收条，签字盖章后，请张海清先生捎回。一次，大荒先生送给溥心畬先生一块“长陵西神”瓦当，溥先生收到后非常高兴，他亲自精心拓成拓片，并考证题诗《汉长陵西神瓦歌》，回赠给大荒先生。溥先生在这篇作品中写道：

秦璧还宫祖龙死，墓隧乃与三泉通。
一朝崤函失险阻，赤帝受命王关中。
卯金王气销沉久，马鬣之封复何有？
玉鱼金碗尽成尘，虎踞龙蟠安足守？
虞舜南巡去不还，二妃泪洒苍梧间。
至今洞庭张乐地，九嶷瞻望空云山。
甘泉长乐西风早，千门落日终南道。
行人欲拜汉文陵，匹马荒原向秋草。
汉家寝庙势凌云，当时迁徙徒纷纷。
遂使黔黎怨徭役，苛政无乃如嬴秦。
宫中置酒悲楚舞，刘吕雌雄已千古。
谁怜片瓦历沧桑，尚见长陵一抔土。

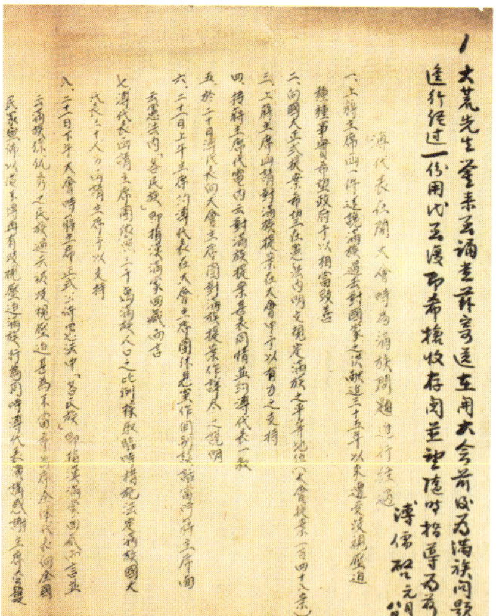
溥代表在开大会时为满族问题进行经过
溥儒

溥儒先生寄送大荒先生其在国民大会上的提案

溥先生在这篇作品中，寥寥一百余字，将中国历代兴衰描写得淋漓尽致，体现了其深厚的文史功底。这幅作品深受大荒先生的喜爱，一直珍藏保存至今。

1946年，时任中华民国总统的蒋介石特邀溥心畬先生为满族代表，参与“制宪的国民大会”。溥心畬先生以“制宪国代”的身份奔走呼吁，为满族争取到“行宪国代”和“制宪国代”各17个名额。在会上，溥心畬先生撰写了《溥代表在开大会时为满族问题进行经过》。在这篇提案中，溥先生用16个方面争取满族地位平等，依照满族人口之比例确定满族“国大代表”人数，呼吁汉、满、蒙、回、藏各族地位平等，今后宣传中应予以删除侮辱满族之词句，对满族文化予以扶持发扬之实力援助，函请主席为发起组织“满族文化协会总会”以发扬满族文化而增进世界文化等。溥心畬先生特将此提议全文寄送大荒先生一份并在提议首页位置亲笔写道：

大荒先生鉴：

来函诵悉，兹寄送《在开大会前后为满族问题进行经过》，一份用代函复印。希检收存阅，并望随时指导为荷。

溥儒启

元月八日

由此体现了两位挚友之间的信任与相互支持。

1917年，溥心畬先生迎娶了清末陕甘总督甘升允的女儿罗清媛。罗女士温良贤淑，为溥心畬先生生育一子二女。罗清媛女士亦是一位雅擅丹青的才女，婚后二人琴瑟和谐，经常联手作画，并举行过联合画展，他们是人人羡慕的神仙眷侣。溥心畬先生曾将夫人画成古代仕女。在长方形的白色棉纸上，下方描绘了一个半倚在椅子上的高髻、长衫的古代仕女，气质若兰。画面上方则记载了自己抚琴、妻子赋诗的美好往事。小文的最先部分是溥先生写给妻子的回文诗：

飞燕双栖春梦长，

月如眉掩镜台妆。

溥儒夫人罗清媛女士

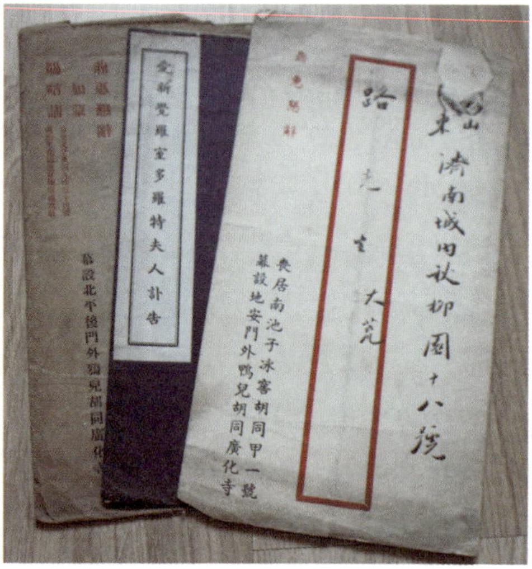

溥儒先生夫人丧葬典礼讣告

帷云满落红梅影，

徽玉零烟飘暗苍。

而 1947 年，正是两人结婚三十周年之际，罗清媛却先离他而去，病逝于颐和园介寿堂，令溥心畬先生倍感伤情。溥心畬先生为夫人举行了隆重的丧葬典礼，并给他的老朋友路大荒先生正式发送了讣告及邀请函。大荒先生收到讣告后即刻回信："……惊悉贤夫人仙去，不胜怅悒……谨奉上挽联一悬，略致鄙意，肃上敬颂近祺，不尽缕缕……"

1949 年 10 月 18 日，溥心畬先生悄然离开大陆赴台，再也没有回到故土。由于历史的原因，大荒先生与溥心畬先生也没有了书信来往。每当大荒先生望着溥心畬先生送给他的书画，总是唏嘘不已，心底里深深地怀念着这位昔日的知己。

四、黄宾虹：山水画大家，金石考古知己

黄宾虹（1865—1955），安徽歙县人，初名懋质，后改名质，字朴存，号宾虹，别署予向、虹叟、黄山山中人。近现代著名画家、学者，为山水画一代宗师。民国时与著名画家张大千、溥心畬先生并称为"南张北溥黄一家"。

黄宾虹先生能琴剑，擅诗文，会治印，他遵循着诗、书、画、印全面修养，强调书画同源，在文字学、考古学等方面也颇有建树。黄宾虹的确是一位"不能仅以画史目之"的学者型艺术

家。曾在北京、杭州等地美术学院任教，任中国美术家协会华东分会副主席。

黄宾虹先生与大荒先生在20世纪30年代即相识。据石谷风先生回忆，1940年他作为黄先生的弟子，由黄先生亲自推荐，到济南拜大荒先生为师，学习金石考古及艺术鉴定知识。齐鲁大地素有“文物之都”的美称，石先生跟随黄先生学习金石考古和书画鉴定的知识，有了大量的实践机会，这为他日后的成长打下了坚实的基础。

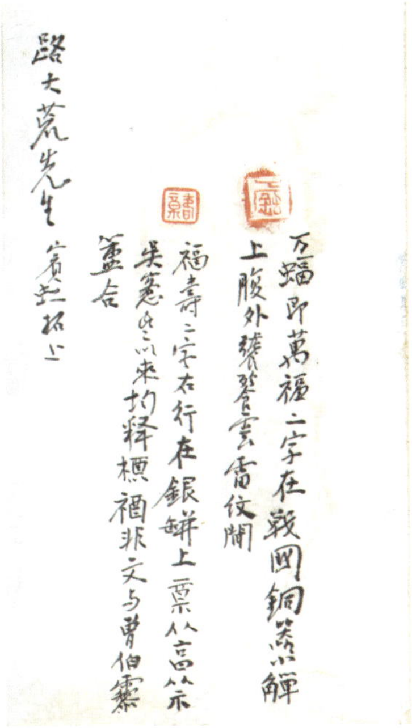

黄宾虹先生给大荒先生的印文及说明

黄宾虹先生在金石考古方面有很深的造诣。在我家里收藏的一张小信札上有黄先生给大荒先生拓的印章，并在印章下予以说明

黄宾虹山水画

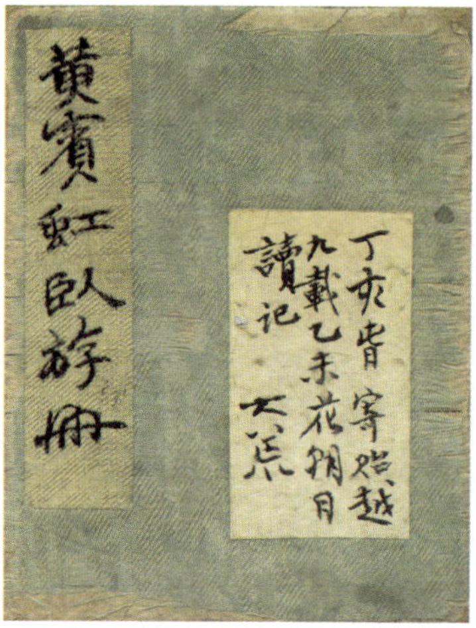

《黄宾虹卧游册》册页

来自战国铜器，可见黄先生的学问功底。

黄先生与大荒先生有许多书信往来，可惜经过半个多世纪的沧桑巨变，所剩无几。

黄先生多次赠画给大荒先生，他曾在1945年赠大荒先生山水画一幅，大荒先生亲自在立轴上题签：“宾虹先生山水小幅，丁酉冬装，大荒记。”黄先生曾赠给大荒先生一小册页，题“黄宾虹卧游图”。画册虽小，但页页均为精品。大荒先生非常珍爱，经常放在枕边，卧床欣赏，此真“卧游”也。

黄先生善金石篆刻，书法“钟鼎”之功力较深，被人称道较多的是篆书。1951年，大荒先生移居曲水亭畔，黄先生欣然命笔，篆书写下“曲水书巢”四字赠给大荒先生。

1947年，国内烽火又起，民不聊生。黄先生从南方特意托人到济南找到大荒先生，让他在济南代卖画作，以补家用。大荒先生为朋友多方奔走，在明湖书社寄卖黄宾虹先生画作，并将黄先生自定画作润笔费告知，力所能及地帮助老朋友。

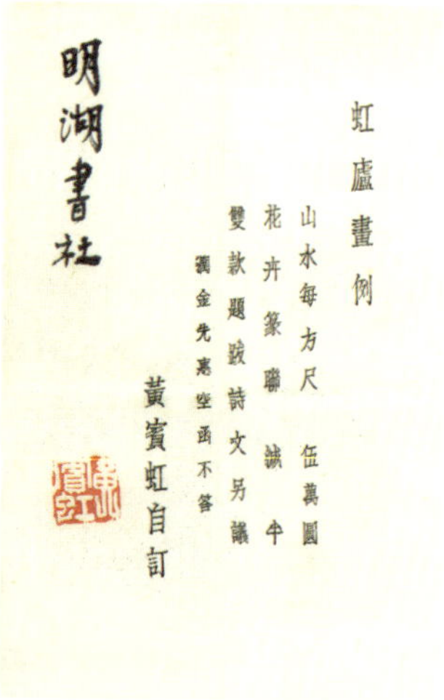

黄宾虹先生20世纪40年代自定的润笔费

黄先生生前曾谈到，他的画作五十年以后才会被人认可。黄先生离开我们已经六十多年了，我们现在对黄先生的山水画作给予了很高的评价，尊称其为山水画的“一代宗师”。每当欣赏到黄先生的精美画作，我就会想到大荒先生与他结下的真挚的友谊。

五、王献唐：国学宗师，山左三杰心相知

王献唐抗战前在山东省立图书馆遐园

王献唐（1896—1960），中国现代杰出的历史学家、金石考古学家、文献学家。初名家驹，字献唐，后以字行，号凤笙。出生于山东日照韩家村一户书香人家。在他的从业生涯中，曾先后任编辑、记者、山东省立图书馆馆长、中央国史馆副总纂修；新中国成立后，任山东省文管会副主任、北京故宫博物院铜器研究员等。

王献唐先生是一代国学宗师，一生涉猎历史、考古、金石、文字、音韵、训诂、版本、目录等多种学科领域，均卓有建树。他于诗、书、画、印等传统才艺亦功力深厚，可谓无学不涉，涉无不精。他为抢救山东地方文献不遗余力，奠定了山东省立图书馆在全国的领先地位。抗战期间，他自筹运费，亲自押运十余巨箱馆藏精品至四川乐山，在战乱年代，以献身精神保护了一批山东文献的精华。他嗜书如命，一生收藏无数，却将大部珍品捐给了国家。

在20世纪前中期，王献唐、路大荒、栾调甫先生共同高举朴素求真的“齐鲁学派”大旗，就学术成就与私人交往而言，

并称为“山左三杰”。王献唐先生与大荒先生最早是从哪一年交往的，现已经不好考证，但是两位先生真挚的友情和一起为祖国文化事业做出的巨大贡献是我们永远不能忘怀的。

1932 年王献唐先生赠大荒先生花卉扇面

1933 年，大荒先生某次到章丘访书，偶然发现清代泰山真合斋徐志定瓷版印行的《蒿庵闲话》下册，遂价购带回济南。大荒先生将该书送给王献唐先生观赏，王先生随即取出 1932 年在四川买得此书上册，两相对比，王先生所藏上册亦属真合斋瓷版，而且两册的书型相合，开本与印纸色度及边角磨损痕迹完全吻合，竟然是原属同一部书的上下两册散后复合，二人欣喜若狂。王献唐先生遂在该书上亲笔题记，记述大荒先生访书购书的简况。泰山真合斋瓷版印书仅有两种，除前述《蒿庵闲话》外，另一种是《周易说略》。两种同为清代经学家济阳张尔岐先生所著。据考证，瓷版本系泰安徐静夫先生所创，徐氏系雍正之年举人，曾任过知县，他于康熙五十七年（1718）创造了瓷活字版，第二年春印成了同乡张尔岐所著的《周易说略》。可惜《周易说略》仅在日本有藏，而国内仅存《蒿庵闲话》。到 20 世纪 60 年代初，济南古旧书店出售古籍中，不时有王献唐先生藏书出现，大荒先生为山东省图书馆购得其中的

《蒿庵闲话》上册，使这套书又得以团圆。此书后被北京市图书馆调去，现存于国家图书馆，为国家级文物。此种情形看似巧合，实非偶然。是因王献唐先生和大荒先生具有丰富的版本目录鉴定才能，对地方文献尤为谙熟，以保存发扬文化学为己任，见好书而不失之交臂，才会发生这样的奇迹。

1936年，大荒先生着手组稿《聊斋全集》，经王献唐先生介绍认识了上海书局赵苕狂先生。赵苕狂（1892—1953），浙江绍兴人，原名赵泽霖，字雨苍，号苕狂，南社社友，鸳鸯蝴蝶派作家。上海书局出版的《聊斋全集》，共收文290余篇、诗355首、俚曲10种，并附有大荒先生编著的《蒲柳泉先生年谱》。虽然赵苕狂先生依据胡适的推论，将《醒世姻缘传》当作蒲松龄的作品编入了《聊斋全集》，但瑕不掩瑜，以当时的学术条件，该书收录的内容还是比较完备，为研究者提供了很大的便利和参考,对当时的蒲学研究起到了很大的推动作用。可以说，《聊斋全集》的出版，王献唐先生是功不可没的。

大荒先生的高祖路希周（1798—1884），字梦园，号蔬郇。蔬郇老人素喜吟咏绘事，遇林泉胜景，辄以挥毫写之，曾辑有《蔬郇画本》一册，嘱路氏子孙珍藏。1936年，时任山东省立图书馆馆长王献唐先生为此册题词：

大荒道兄能书善画，须承过访，出其先德蔬郇先生画稿见视，工

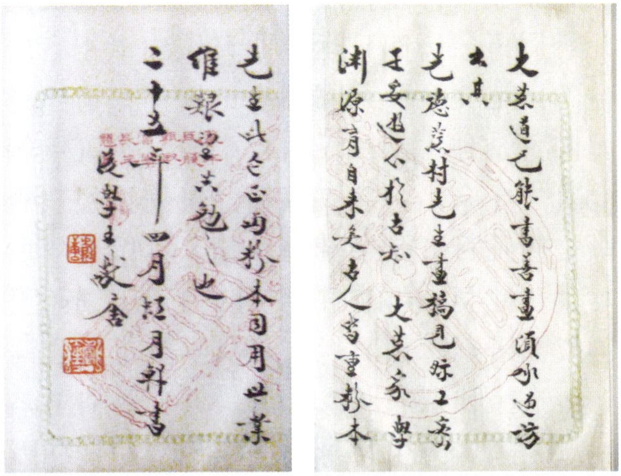

王献唐先生为《蔬郇画本》题词

王献唐先生赠大荒先生的拓片

密雅妥，游心于古，知大荒家学渊源有自来矣。古人皆重粉本。先生此作正与粉本同用。世业维艰，望共勉之也。

二十五年四月虹月轩书

后学王献唐

1937年七七事变后，华北危机，日寇逼近济南。王献唐先生为使山东省立图书馆的馆藏珍贵图书文物免遭战火焚毁和落于敌手，毅然决定将其转移至大后方保存。但因政府官员逃散，南徙书籍的经费没有着落。王献唐先生求亲告友，并卖掉自己的收藏，筹措经费。他选取馆藏宋元善本、唐人写经、商周铜器、秦汉瓦当、明代瓷器等装成十巨箱，派编藏部主任屈万里、工人李义贵随省立医院专车护送，几经周折，历四日运抵曲阜城内奉祀官府保存。屈万里先生在他的回忆文章《载书播迁记》中写道："此次所携，凡书籍之属四百余种，都二千六百余册，装五巨箱。金石器物之属，凡七百三十余品，装三巨箱。汉魏石经残石百三十二为一箱，书画之属凡百五十余轴为一箱。本馆历年所惨淡经营者，其精华略萃于此矣。"10月17日，王献唐先生电复屈万里，内有"亡国奴帽子至海枯石烂，兄决不戴也"之语。

随着形势越来越紧张，山东面临沦陷，曲阜也不是安全之地。王献唐先生只身率领编藏部主任屈万里和工人李义贵，别妻离子，辗转万里，运至四川乐山，存入大佛寺天后宫中。在川期间，由于图书馆失去建制，经费来源断绝，他就利用去大学兼课的收入等，维持日常开销。他们经常要躲避日军的空袭，常年流离于崖洞佛寺，“虽衣食不继而志守弥坚”。王献唐先生的住室命名为“那罗延室”，“那罗延”系梵语，为金刚坚牢之意，借以表达其矢志守护国家珍宝的坚定信念。

在那些风雨飘摇的日子里，大荒先生在济南坚持不给日本人做事，王献唐先生在四川以一己微薄之力守护着国家的瑰宝。路途遥远，战火纷飞，消息全无。1945 年 8 月 15 日，日本投降。12 月 27 日，济南、青岛、德州战区日军受降典礼在山东省图书馆“奎虚书藏”一楼大阅览室举行。此日，正是济南陷落 8 周年。王献唐先生虽在远隔千山万水的四川，但抗战终于胜利了，又能得到家乡的消息了。从仅存的书信中可以看到，1946 年 8 月 28 日，王献唐先生给大荒先生的信中写道：

> 大荒道兄左右，战后即不得兄消息，顷获赐笺，喜慰曷已。时局如斯，百事停滞。弟去秋胜利后即拟飞济，手续已妥，而大病作，今虽获痊，已衰弱不堪。馆物一部份留川，交通困难，一时难运，亦随卧养于斯，可笑也……

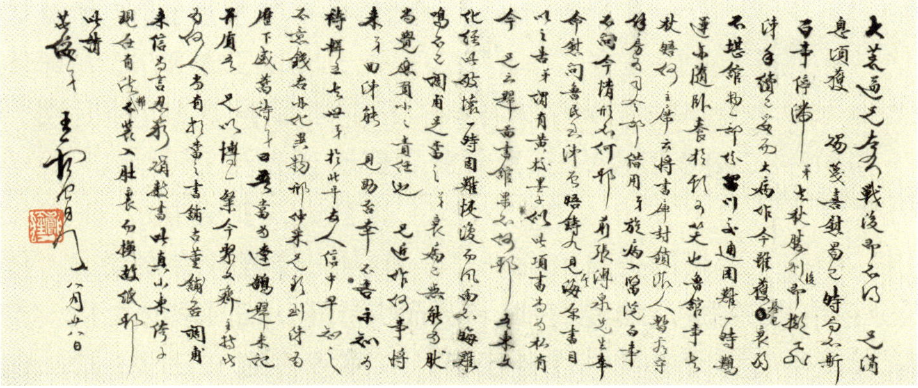

1946 年王献唐先生给大荒先生的来信

1946年王献唐先生从四川给大荒先生寄来的山水画

兄近作何事，将来弟回济能见助否？幸不吝示知……

同年，应大荒先生的请求，他从巴蜀给大荒先生寄来了一幅山水画，上面题道："大荒道兄远道索画，时余属渝州歌乐山，即写山之一角为应归。"大荒先生对此画非常看重，精心装裱后亲自题签，上面写道："蜀山一角 献唐道兄抗战入蜀，胜利后以事尚未返鲁，寄此图来聊慰远思。卅六年伏月大荒记。"抗战胜利后的心情跃然纸上。

1947年，王献唐先生因脑疾加重赴北平警察医院就医。6月，在协和医院做开颅手术后回到济南休养，此时王献唐先生身体已非常虚弱了。抗战时期，王献唐先生别妻舍子，千里迢迢，护送国之瑰宝入川，保存了珍贵的齐鲁文化精华。作为一位著名的收藏家，他虽然对自家的藏品珍爱有加，为了多保留一点国家的文物，王献唐先生启程时未带一件自家藏品。回济后的12月21日，他给大荒先生的一封信中写道：

大荒我兄侍史：

大函诵悉，弟还都多日而旧疾未痊……天气严寒……恐贱体难支……廿六年冬弟外出时只带公物，若个人收藏书籍，以四箱托王贡忱代存，以三箱托徐芳洲代存，敬希费神代为查询情形。徐之居址为道院分院（书箱存其楼上），与贡忱家相距甚近，问贡忱或道院可知也……

大荒先生接到挚友的托付，马上就去寻找王献唐先生放在友人家的藏品，使其完璧归赵。在次年 2 月 15 日王献先生的回信中写道："大荒我兄左右，两承赐函，弟所藏书籍蒙费神探询尚完全无恙既纫，高谊之心亦窃喜……"两人的友谊可见一斑。

1948 年，大荒先生被任命为山东省图书馆副馆长。这年秋天，王献唐先生为大荒先生藏《聊斋文集》手稿题词："《薤露》歌残手自书，柳泉妙笔似黄初。年来庋入訇文馆，珍重人

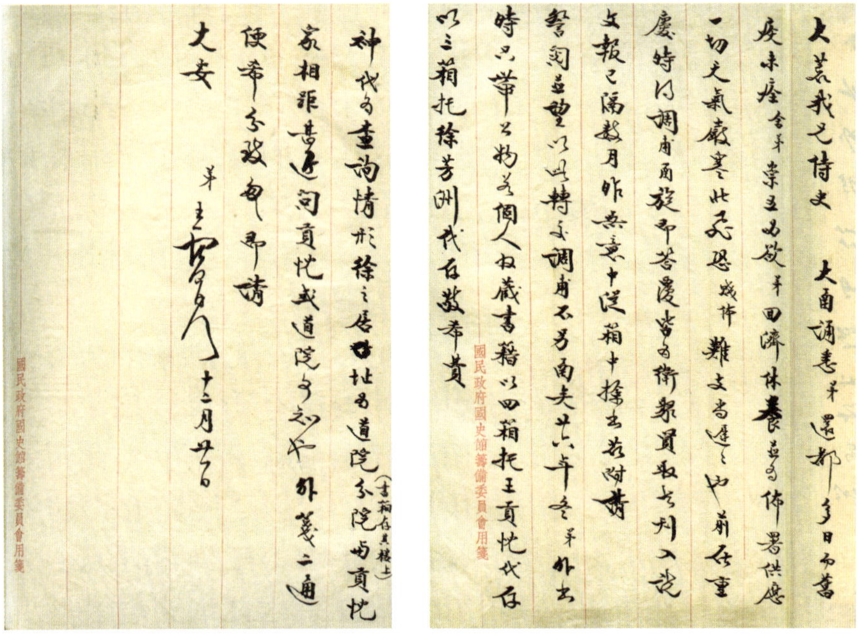

1947 年王献唐给大荒先生的信

天万劫余。大荒先生编印《聊斋全集》，继得蒲氏祭文稿本，十年前曾为署签，兹复持来，敬题二十八字，盖从兵火中获持而出也。戊子秋，献唐。”

1950 年，王献唐先生从大后方归来后，经过一段时间的休息及治疗，身体渐渐康复。在王献唐先生的推荐和邀请下，大荒先生调去山东省文物管理委员会工作。1952 年，两位先生有几次共同到淄博考察齐长城遗址，亲自登上双雄山、凤凰山西麓以及围屏山等遗迹进行深入调查。考证的结果提示博山地处齐长城所经之地，确切无疑。后来大荒先生就这次考察结果在中国史学会济南分会会刊创刊号中撰写了《山东周代的齐国长城》一文。

1952 年，在山东省人民政府的委托下，大荒先生前往淄川蒲家庄成立蒲松龄故居筹建委员会,并着手故居的重建工作。经过数年的努力，故居的房屋和墓地上的碑楼已经竣工，开始筹集有关文物资料，转入陈列布置的第二个工作阶段。1955 年，王献唐先生亲自题写了“蒲松龄先生故居”匾额，并由大荒先生带回淄川。第二年，故居对外开放，制匾悬挂。

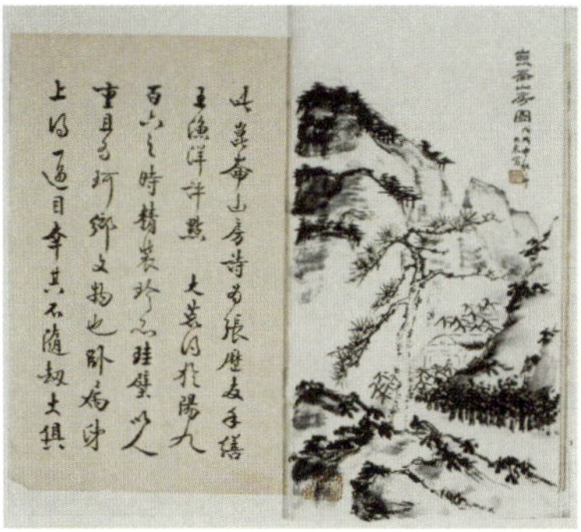

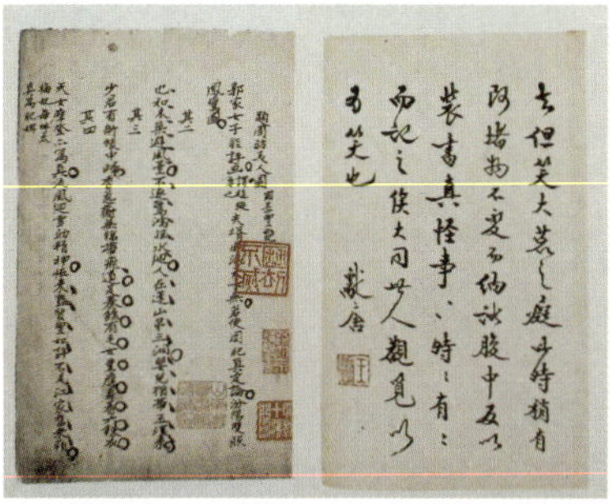

王献唐为昆仑山房诗稿题记

1958 年，大荒先生为《渔洋山人评点昆仑山房诗稿》一书绘图一幅。王献唐先生为此写有一段题记，曰：“此昆仑山房诗为张历友手缮，王渔洋评点。大荒得于阳九百六之时，精装珍品，珪璧以人重，且为珂乡文物也。

卧病第上，得一过目，幸其不随劫火俱去，但笑大荒之痴。此时稍有阿堵物，不变而纳诸腹中，反以装书，真怪事。怪事时时有，时有而记之，俟大同世人观觅以为笑也。献唐。”

1960年11月16日，王献唐先生因病逝世于济南，终年64岁，葬于济南万灵山公墓。大荒先生怀着沉痛的心情，为好友题写了碑文。可惜墓碑在“文革”中被损毁，碑文内容不得而知。幸而于1993年3月21日，在山东省及青岛市两级政府的重视下，王献唐先生的陵墓迁至青岛浮山脚下，与康有为先生的陵墓相邻。每当清晨或傍晚，经常有青岛大学的学生在其墓旁看书学习，有时也会有人给王献唐先生墓前献上鲜花。我曾在王献唐先生的儿媳安可荇先生的陪同下为王献唐先生扫墓，安阿姨欣慰地对我说：“你王爷爷最喜欢念书的孩子了，有这些喜欢读书的孩子经常在这里读书，他在地下有知，一定非常高兴。”

六、栾调甫：墨学大家，山左三杰性相投

栾调甫先生

栾调甫（1889—1972），山东蓬莱人，名延梅，以字行，号山东伧子，书斋曰“三经堂”。栾先生是一位传奇人物。他6岁读书，14岁辍学，出身小伙计，学历不足5年，既无学历，又无资历，却因为传统国学修养精深而终被齐鲁大学聘为教授。

栾调甫先生曾主持齐鲁大学文学院和国学研究所。新中国成立后，任山东大学教授、山东省文

史馆馆员。栾先生以研究墨学闻名于世，号称当代四大墨师之一，同时又精于经学、文字学、金石学、版本目录学、农学。栾调甫先生所为人津津乐道的主要学术收获是其墨学研究。在上海的学徒生涯中，栾先生就已经开始了独立的墨学研究。其第一本学术著作是耗费了7年时光于1911年完成的《名经注》，当时栾先生仅有23岁。在济南南关山水沟的茅屋之中撰写了《读梁任公〈墨经校释〉》一文，发表在《哲学》杂志第7期上，当时取得了巨大的反响，甚至连梁启超本人也不得不折服，并赞誉此文道："即使不是绝后，也是空前。"遂虚心请教，一时成为学界佳话。

在20世纪中前期，栾调甫先生与王献唐、路大荒等共同高举朴素求真的"齐鲁学派"大旗，并称为"山左三杰"。栾先生的学术成就远不止于墨学。他先后写成过《论语讲义》《论语研究》《释夫子》等儒学专著。其文字学著作更达十余种，从基本的《文字学概论》到艰深的《说文解字补正》《古今文字考释》，文字学研究已经自成体系。虽然栾先生研究金石版本之学的文章保存极少，但是金石版本学的一代宗师王献唐先生屡屡求教于他。后来王献唐先生南去巴蜀，在考校金石时因为没有栾先生相助而感到遗憾，并赋诗道："玄亭风雨忆侯生。"大荒先生虽然为蒲学研究大家，仍为栾先生《〈聊斋志异〉刻本有几种》一文所折服。1936年，栾调甫先生为大荒先生《聊斋诗集序》写序。同年秋季，大荒先生典衣缩食，不顾世人笑讪，购得最珍贵的《聊斋文集》一册。栾调甫先生为先生撰文《抄书〈聊斋志异〉跋》（载《华北日报·图书周刊》第70期）。

闲暇时间，大荒先生与栾调甫、王献唐、张景栻等藏书家优游济南书肆，广罗群籍。栾先生到底有多少藏书，实在是难以计数。因为战乱漂泊，他的这些藏书多有流散，即便如此，至栾先生去世后，还尚余万卷之多。栾先生藏购图书，亦可用

王献唐、屈万里、栾调甫、路大荒、李玉贵后人合影（前排右二为栾先生小女儿栾女士，后排右一为作者）

“书痴”来形容。1943 年，栾先生正是贫困潦倒的时间，仍然坚持购书，他自己说道：“夺口腹之奉以购书求之，今世恐无几人也。”1946 年在王献唐先生写给大荒先生的信中亦谈道：“调甫来信尚言忍穷购数书，此真山东侉子。现在有法币不装入肚里而换故纸耶！”这与大荒先生“资斧告罄之时，尚恋之一书，人间尚有我之痴耶呼！然能聊慰所嗜，何顾世人之笑讪也”是何等的相似！

抗战时期，栾调甫先生毅然拒绝了日伪的山东省立图书馆馆长之职，一度生活陷入困境。大荒先生隐名埋姓，隐居秋柳园，宁死不给日本人做事。正是这种共同的爱国情操，使两位先生惺惺相惜，患难之中见真情。

栾先生藏书，并不是想据为己有，而是始终考虑传承的问题，希望能为后人所用，而不是存之居奇。所以后来他的剩余藏书最终还是全部捐献给了山东省文史馆和山东省图书馆，共计 1030 种、4705 册，其中颇多珍本、善本。一次，与图书馆界的朋友谈起栾先生身后的藏书及未发表的百万余言著作，业内人士感叹栾先生国学研究高深莫测，晚辈研究颇有难度。真心希望后学之士能够将栾先生的未出版著作早日整理出来，以飨读者。

七、王统照：著名作家，学术桃园三结义

王统照（1897—1957），山东诸城人，字剑三，笔名息庐、容庐。1924 年毕业于中国大学英文系。曾任中国大学教授兼出版部主任，《文学》月刊主编，山东大学教授。新中国成立后，历任山东省文联主席、山东大学中文系主任、山东省文化局局长。王统照先生著有多部长篇小说，是我国著名的作家、文学家。

大荒先生与王统照先生的友谊是从何时开始的，我无从查起。从目前的资料来看，王统照先生非常关心和支持大荒先生的蒲学研究，尤其是大荒先生重新开始系统整理《聊斋文集》以来。20 世纪 50 年代大荒先生重新整理蒲氏著作时，时任山东省文化局局长王统照先生对路大荒先生的专业知识与研究工作非常重视，在各方面提供条件并给予鼓励与具体的帮助。如王统照先生给大荒先生的信中写道："大荒先生：昨师院严先生方送来抗战前《人间世》杂志两本，内有关于聊斋与蒲先生著作的两文。今午后得来函并所存各种聊斋著述钞本目，您这些年尚能保全不少旧钞本，大非易事……春节后拟组合四五位去淄川，另找一位去北京，分头访问与查找各种印、钞本子，便可托人誊写。"王先生在上海开会因急病住院治疗时仍给他

来信催问："……修葺蒲氏故居与抄写的遗著已告一段落？"王先生辗转从北京图书馆借到蒲氏著作立即转交给大荒先生，后又去信说："昨转送上人民文学出版社寄来蒲氏诗文集一大包……内附该社对编订蒲氏诗文……之意见，我细看过，以为所提诸项颇为中肯。总之，目录宜清刊，体例宜划一，俗曲审定是否宜力强力佐证……如何装置蒲氏故居并添木器等事，不宜再延。"

1980年，李森文先生曾在大荒先生的书简中得到王统照先生为《聊斋全集》写的序，并把它发表在《济南市中学图书馆通讯》（内刊）上。李先生在文章中写道：

> 这是一篇未刊稿。1958年，中华书局拟刊印《蒲松龄集》。出书前大荒曾和我谈及，此序系王统照先生口述，大荒先生在其病榻

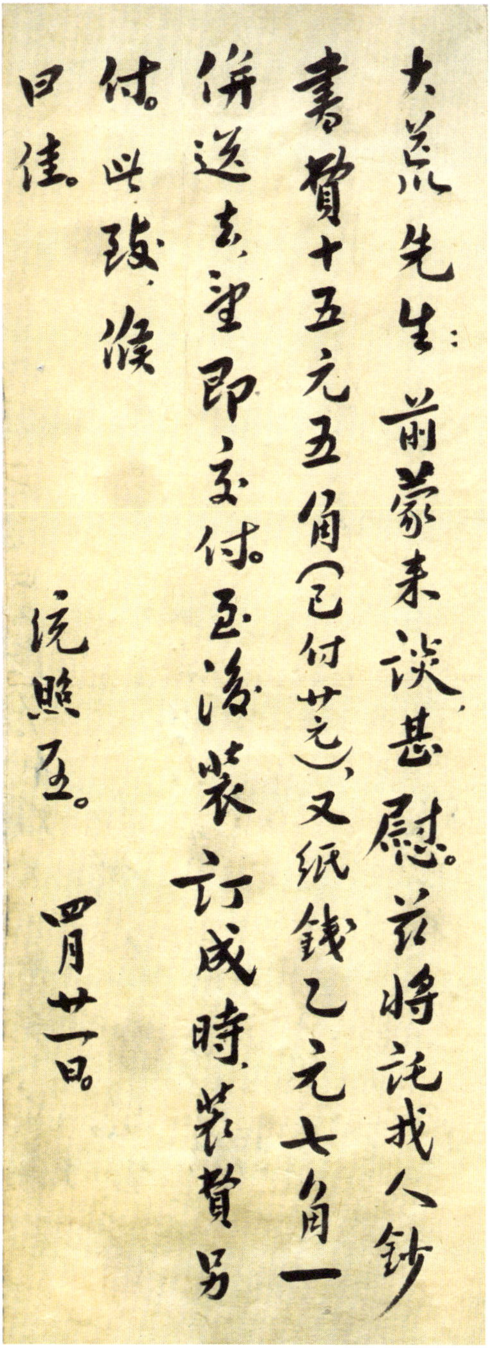
大荒先生：前蒙来谈，甚慰。兹将托找人钞书费十五元五角（已付廿元），又纸钱乙元七角一併送去，望即交付。至於装订成时，装费另付。此致候日佳。

统照至。

四月廿一日

王统照先生给大荒先生的信札

前代笔记录，最后由王统照先生亲自署名的稿件。此稿当时未用，但其中有些叙事及《蒲松龄集》的成书经过较“出版说明”和“编后记”为详。此篇亦是王统照先生的最后一篇遗作，颇为珍贵，现抄录于下，以纪念大荒先生与王统照先生之间真挚的友谊：

《聊斋全集》序　一九五三年的冬天，中央文化部周扬同志来到济南，询悉抗日战争前世界书局铅印的《聊斋全集》大部分是路大荒同志搜集的。嘱他继续搜集整理，把以前所编的《聊斋全集》重新修订，并嘱我帮助这一工作。经周扬同志这一提倡，大大地鼓舞了我们对于搜集整理蒲氏遗著的信心和决心。随后路大荒同志即把现有的材料，觅人抄录，并加整理。

同年，山东省文化局、山东省文联、山东省文管会共同研究、调查蒲松龄遗著及其生平事迹。旋约栾调甫、王献唐、严薇青诸先生成立一个小组，并派陶钝、路大荒、王思礼三同志赴淄川蒲氏故乡调查有关文献。同时严薇青先生亦赴北京了解各图书馆收藏蒲氏遗著资料。陶钝同志在淄川住了十余日，即把久已遗失的蒲松龄画像访得。严薇青先生也得到各处收藏有关蒲氏遗著的若干情况。

一九五四年，山东省人民政府因纪念蒲松龄，拨出了专款把聊斋故居照原来的形式整修一新。又因蒲氏墓碑在文学史上有重要价值，即修建一四角亭保护。故居修复后，蒲氏后裔住在故乡和住在他址的都来信感谢政府。当地群众与蒲氏后裔纷纷把世世收藏的蒲松龄手抄《南华经》及其遗著手稿和传抄本捐献出来。其中有他当塾师时候的（淄川西铺庄）房舍——“绰然堂”匾额一方，木刻楹联一副，蒲氏题咏“蛙鸣石”一块（石隐园）旧物，卧具木床一张，床板上还刻着明代益都冯起震画的竹子。又选购了国内外不同版本的《聊斋志异》陈列在故居。自后，国内学者、大学学生、文艺界人士，时常去参观，国际贵宾也时常去访问。（一九）五六年的夏天，中捷文化协定代表团团长普实克院士到了故居，把他自己译成捷文（的）《聊斋志异》一册赠给该处。这说明蒲松龄的文学，外国的学者也同样关心。

同年夏，人民文学出版社决定印行蒲松龄的全部遗著，来函委托路大荒同志担任校编征集的任务。这一消息披露后，各地读者非常关怀，纷纷来信询问。有的寄来剪裁旧报纸上刊登（的）相传是蒲松龄的文章；有的把旧抄《聊斋文集》零册相投赠。这些资料，虽与所搜集的重复，或是未敢确定是（否是）蒲松龄的作品，但读者们对蒲氏文学热诚的关怀，我是十分钦佩的。

今大荒同志把先后所得到的资料，校正编订，计文集四百五十余篇，分类编次，统为十三卷；诗九百余首按年编次，分为五卷，续录一卷，共为六卷；词集一卷，共计一百二十余阕；杂著两种；戏一出；俚曲十三种；附录四种。虽难说为蒲氏遗著全貌，大体已相差不远。这几年以来，在工作进行中，幸赖党和政府及有关部门的大力支持，历时五年方能完成。本拟写一序文，以宿疾复犯，不能握管，嘱大荒同志代笔，略述始末如上。

王统照（亲笔签名）

一九五七年十一月

作为山东省文化局长的王统照先生不仅在蒲学研究工作、蒲氏故居整修工作中给予大荒先生大力支持，还认真听取大荒先生对曲阜、泰安、长清等山东名胜古迹勘察后提出的整修意见，对大荒先生的工作给予了充分的信任和支持。

1955 年，王统照先生看过路大荒先生收藏的《聊斋文集》

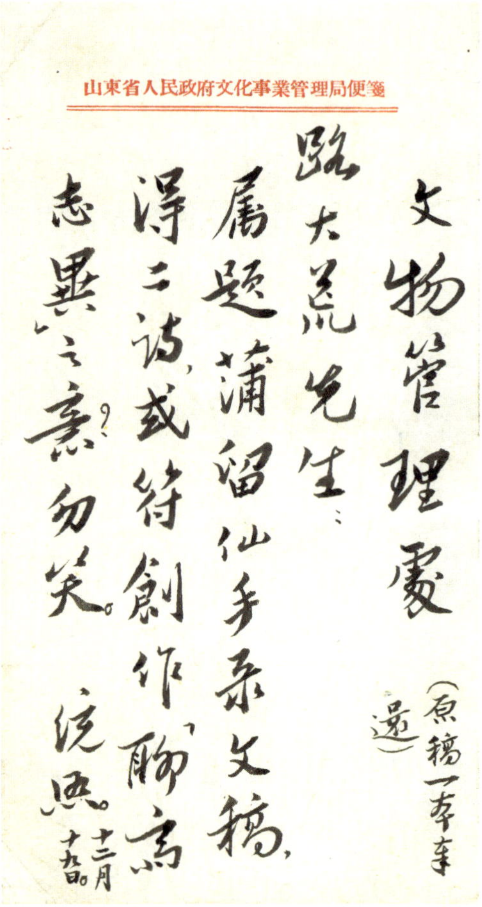
山東省人民政府文化事業管理局便箋

文物管理處

路大荒先生：

屬題蒲留仙手录文稿，得二詩，或符創作「聊斋志異」之意？勿笑。

（原稿一本奉還）

統照。十二月十五日

王统照先生给大荒先生的信

手稿后感慨万千，题诗两首。诗曰：“摅思托笔借园亭，孤愤能舒鬼狐型。故非妄言听须正，西风凄响夜枫青。”又：“巉岩为文字似之，不须衫履自然姿。人间尚有聊斋稿，会证先生绝妙词。”下有落款：“1955 年冬，大荒先生出此册为题二诗。统照”。款后钤方形阴文图章。

《鹤轩笔札》为蒲松龄亲笔手抄本，内容主要是蒲松龄南游宝应、高邮做孙蕙幕僚时写的书启、公文、谕告等文稿，以及酬答函札等，共 80 篇。这份蒲松龄先生的真迹目前是青岛博物馆的镇馆之宝，也是由大荒先生发现的。据大荒先生的日记中所载，1956 年夏天，大荒先生为了修复蒲松龄故居一事赴淄博，遇到了一位姓李的先生做介绍人要出售四册古书。大荒先生拿到这套书就是《鹤轩笔札》手稿，书衣有蒲松龄题签：“鹤轩笔札自十月初三日起至年终止”“鹤轩笔札辛亥正月起五月止”，显示写作时间自康熙九年（1670）十月至康熙十年（1671）五月。这两册手稿的第一册第二页的右下角还钤有两枚印章，一为阳文“松龄”二字，一为阴文“柳泉居士”四字。大荒先生通过认真细致的鉴定后，认为这套手抄本的前两册确为蒲松龄亲笔手稿。大荒先生回济南后及时向王统照先生言说此事后，以四十元的价格购得此手稿。他亲自带到北京，在琉璃厂萃文斋精工修复，并增加了布函套。经过了此次修复，《鹤轩笔札》至今保存良好，品相上佳。

王统照先生看到此手稿后，写下一段序言，记述大荒先生与《鹤轩笔札》的情况：

《鹤轩笔札》四册，此二册皆留仙先生手稿。另二册则不止一人，想是继留仙先生任笔札者。四册必由淄川孙家散出。盖留仙先生卅许，曾为同邑孙蕙延请，在宝应、高邮署内任书启幕故。酬答函札与较长之官谕，俱载底稿册中，虽有蒲氏印章，此二册定系孙氏留存者。今夏，大荒先生数为整理蒲氏故居，因公赴淄博市。有李君，存此四册求售，大荒返济与余语及，乃以四十元易来。原册纸薄，岁久脆折易失。八月中，大荒去北京，遂将蒲氏手册托其带去，由琉璃厂萃文斋为精工贴装，并加布函。此等工艺，京外难有。九月中旬，介绍人李君为包裹寄到，仔细甚至。述之于此，俱可深感。近三百年之草册，竟能流传，淄川人士对蒲氏之尊重，即此可见。余以衰病之身，年来得见蒲氏笔迹数种，而前三日偶去北洋书社古籍部，竟得《聊斋志异》第一次木印本（即赵氏、鲍氏共刊本，亦即青柯亭刊本，有杭州余集手书序，清乾隆三十五年刊），盖在木板上廉价书摊中，无问者。今纪此二册之由来，故附述如此。一九五六年十月三日初寒晴日。剑三。

大荒先生为国家购得《鹤轩笔札》珍贵手稿后经过数次调整，现藏于青岛博物馆。它曾作为入选第四批《国家珍贵古籍名录》的古籍参加了由文化部、文物局主办，在国家图书馆举办的“古籍普查重要发现暨第四批国家珍贵古籍特展”。

王献唐先生儿媳安可荇先生曾多次说：王献唐、王统照、路大荒先生是学术研究上的“桃园三结义”。

八、雅罗斯拉夫·普实克院士：著名汉学家，蒲学异国知己

雅罗斯拉夫·普实克

雅罗斯拉夫·普实克（1906—1980），捷克斯洛伐克最著名的汉学家、东方学家、科学院院士、布拉格汉学学派实际的奠基者。1928年毕业于布拉格查理大学。普实克院士对汉学的研究涉猎很广，能够从亚洲的主流甚至世界的主流看中国文学。他著、译均丰，译有《呐喊》《论语》《浮生六记》《老残游记》《子夜》《话本小说选》《聊斋志异》，著有《中国文学史》《中国现代文学研究》《话本的起源与作者》《中国历史和文学》《抒情与史诗作品》等书。晚年主持编纂《东方学辞典》。

普实克院士赠大荒先生他发表的文章

大荒先生与普实克院士的友谊应该是从1955年普实克选译蒲松龄的《聊斋志异》开始的。也正是从那时起，普实克院士在中国和东方学研究的多个领域投入了更多的精力，与大荒先生交往日渐密切。普实克院士1956年来华时赞扬大荒先生“学识渊博”“熟于历史掌故”。他的论文《蒲松龄〈聊斋志异〉最初定

稿时期的探讨》，其中引证的材料，百分之七十以上引自大荒先生所著的《蒲柳泉先生年谱》。他说："路大荒用惊人的热忱和不屈不挠的努力，对蒲松龄的全部生活与作品，进行了收集和注释工作。"

20 世纪 60 年代初，普实克院士曾两次来山东访问，与大荒先生进行了蒲学研究的深入探讨与交流，并结下了深厚的友谊。我家至今还保留着他们两人的书信来往。普实克院士 1961 年 3 月 2 日来信中谈道：

感谢您寄来的美丽的贺年片。我也敬祝您 1961 年健康幸福，在研究蒲氏著作的富有意义的工作中获得更多的成就。我时常回忆到您故乡的自然美景与名胜古迹，很希望能够重温和您在一起渡（度）过的美好但短暂的日子。前次寄上有关蒲氏生平的一篇短文希望您已经收到了。请代为问候您的同志们。再一次感谢您的新年祝贺！

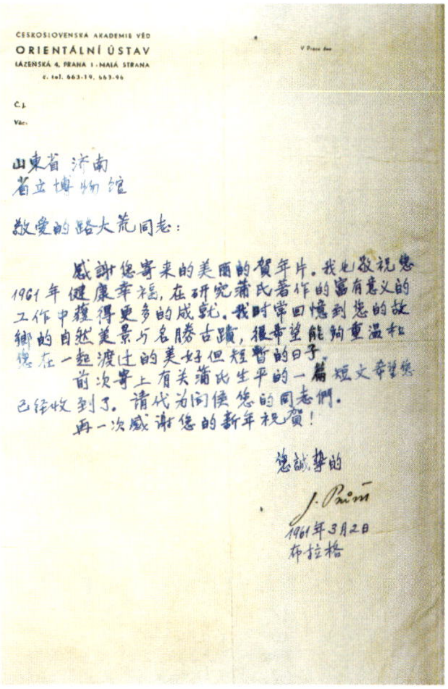
ČESKOSLOVENSKÁ AKADEMIE VĚD
ORIENTÁLNÍ ÚSTAV
LÁZEŇSKÁ 4, PRAHA 1 - MALÁ STRANA
č. tel. 663-19, 663-96

山東省 济南
省立博物馆

敬愛的路大荒同志：

感謝您寄来的美丽的賀年片。我也敬祝您1961年健康幸福，在研究蒲氏著作的富有意义的工作中獲得更多的成就。我时常回憶到您的故鄉的自然美景与名勝古蹟，很希望能夠重温和您在一起渡过的美好但短暂的日子。

前次寄上有关蒲氏生平的一篇短文希望您已经收到了。請代为问候您的同志們。

再一次感謝您的新年祝賀！

您誠摯的
J. Průšek
1961年3月2日
布拉格

1961 年普实克院士给大荒先生的来信

1962 年 11 月 12 日，普实克院士来信说："……非常感谢您寄赠的三部《蒲松龄集》（共六册）。这部新出版的书里一定有不少新颖的具有启发性的材料。我们仍继续对蒲松龄的研究工作，玛尔达 · 丽莎娃同志正在分析他的俚曲。以后若是发表一些有关的论文，一定立刻寄给您指正……又：书籍已转赠丽莎娃和发思同志（二人都是汉学研究者）各一部二册，他们在此谨致衷心的谢意和问候。"

普实克院士赠送给大荒先生的礼品——捷克斯洛伐克的玻璃工艺品

1963 年，普实克院士第二次访问山东，带来了捷克斯洛伐克著名的玻璃工艺品作为礼物送给大荒先生。大荒先生不但在蒲学研究方面与普实克院士进行了深入的探讨，还陪同他参观了山东的名胜古迹，并对山东的历史文化进行了详细的介绍。回国后，普实克院士给大荒先生写了一封热情洋溢的信，在信中写道：

敬爱的路大荒先生：

我们在济南、泰山和曲阜旅游的时候，承您热情地照顾，我和发斯同志十分感激。您的丰富的知识使我们对山东文化史有了全面的了解，给我们留下了难忘的印象。兹奉上拙译《聊斋志异》一册，聊表对您这次对我们的照顾的谢意。让我向您致以亲切的问候！

您的朋友　普实克

十一月十七日

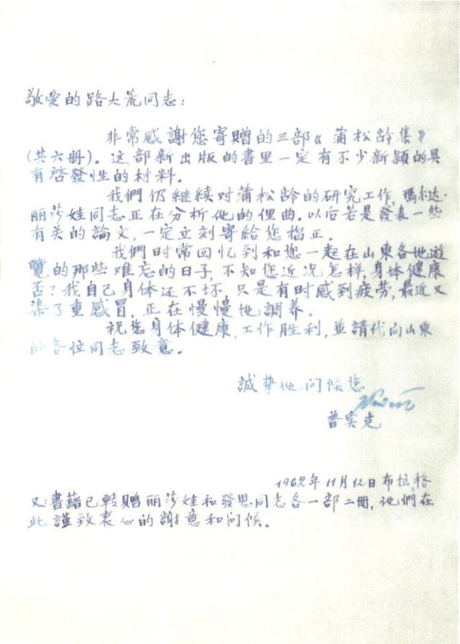

敬爱的路大荒同志：

非常感謝您寄贈的三部《蒲松龄集》(共六册)。这部新出版的書里一定有不少新颖的具有啓發性的材料。

我們仍継続对蒲松龄的研究工作，瑪紬达·丽莎娃同志正在分析他的俚曲。以后若是發表一些有关的論文，一定立刻寄給您指正。

我們时常回忆到和您一起在山東各地遊覽的那些难忘的日子，不知您近况怎样，身体健康否？我自己身体还不坏，只是有时感到疲劳，最近又染了重感冒，正在慢慢地調养。

祝您身体健康，工作胜利，並請代向山東的各位同志致意。

誠挚地问候您

普實克

1962年11月12日布拉格

又：書籍已轉贈丽莎娃和發思同志各一部二册，她們在此謹致衷心的謝意和问候。

1962 年普实克院士给大荒先生的来信

大荒先生在回复这封信中写道：

敬爱的普实克院士同志：

昨天接到来函并您精译的新校蒲松龄小说一册。我欢喜得如同无意中得到至宝一般。最为珍贵的是以此作为纪念而保藏起来，勿负您的盛情，请先容我致以诚恳的谢意！

您对蒲松龄的研究已做出伟大的贡献，早就为世界研究蒲氏文学工作者的崇拜，现在您仍努力继续研究。即您所说的对伟大的作家蒲松龄的研究工作做出的杰出的贡献，能达到更新的更辉煌的高峰。这是使人怀着兴奋的心情为您预祝和钦佩的。我在此项工作中，如微有所得，即寄上请您参考。……

在"文革"中，大荒先生的蒲学研究以及与国外专家的交流终止了。但是，中国人民没有忘记这位异国的汉学研究家。1980 年 4 月 7 日，普实克院士因病去世，终年 73 岁。《人民日报》在文章中谈到，普实克院士是中国人民诚挚的朋友，他毕生从事中国历史、语言、文学、艺术的研究和介绍工作，为增进中捷两国的文化交流做出了重要贡献。

九、吴仲超：红色文博专家，文物保护惺惺相惜

吴仲超（1902—1984），上海南汇人，又名兰久、铿。1928 年加入中国共产党，解放战争时期，曾任中共华东党校副校长兼华东人民革命大学副校长、山东省文物管理委员会主任、中共中央华东局副秘书长。在此期间，为党和人民征集保存了大量珍贵文物。新中国成立后，任文化部部长助理、故宫博物院院长兼党委第一书记。

1948 年年底，吴仲超同志回到山东开展革命工作，并首任山东古代文物管理委员会主任委员。他在山东古代文物管理

委员会任职期间，山东文物的征集、保管工作井井有条，成绩斐然。也是在这个时期，大荒先生与吴仲超同志相识。作为山东古代文物管理委员会的首任领导，吴仲超同志非常尊重和重视这些老专家，尊重与爱护广大学有所长的知识分子。

吴仲超同志来山东工作不久，在他的领导下，山东古代文物管理委员会在济南大明湖畔的山东省立图书馆举办了解放后第一次古代文物展览会，展出古代书画320多幅、善本古籍30种、三代秦汉青铜器30余件、宋元明清历代陶瓷器250余件、古玉器100余件、历代钱币300余枚、甲骨数匣。举办如此大规模的文物陈列展示，这在当时战争年代尚属首次。在这次展览的筹办中，大荒先生非常珍惜吴仲超同志的知遇之恩，不遗余力地去征集文物，布置展室。展览获得了很大的成功，为刚刚解放的济南市增加了喜庆祥和的气氛。

在我家仅存的几封吴仲超给大荒先生的信中还可以清晰地看到，在那个战火即将结束的年代里，这两位文物专家共同关心文物保护和发展的往事。

在1948年12月26日吴仲超同志给大荒先生的来信中写道：

大荒吾兄惠鉴：

承函拟参与古物展览会，惜事与愿违，未能躬与斯盛。悉吾兄及图书馆诸同仁为此忙碌殊甚，特致慰问之忱。济南为山东人文荟萃之区，不识对此亦有何重要之见教耶。

献唐先生近况何若？在济

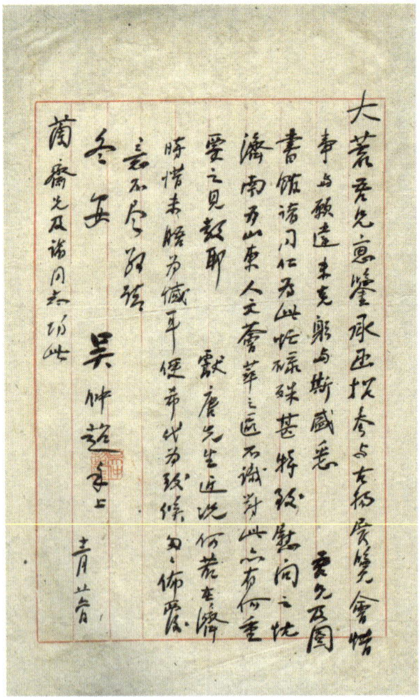

1948年吴仲超同志给大荒先生的来信

南时惜未晤为憾耳。使希代以致候。匆匆布覆意不尽。敬请冬安。

吴仲超手上

在另一封信中，除了对文物展览及搜集谈了自己的意见，吴仲超同志作为一个资深革命家及文物专家，对敌人的垂死挣扎可能危及故宫等文物表达了深深地忧虑。他在信中写道：

大荒兄惠鉴：

元日赐书奉悉。此次举行展览会得力于吾兄者实多，成绩自当不劣。惜前方大胜以后，敌机即将作报复骚扰，短时期中势难复举耳。否则春明之后不妨加上新收集之品及胶东之大批骨甲作第二次之展览也。

北平即将解放，古（故）宫珍物不知能无恙否？敌人则以古城作忌器，为鼠辈自护计也，以此殊可虑耳。古书之有价值者必须加以收购，图书馆因何没有作此计划。

兹已告静斋兄要他注意收拾，希与之一商为妥。弟来此后，俗物庞杂，殊不足言风雅矣，回忆大明湖畔小住时

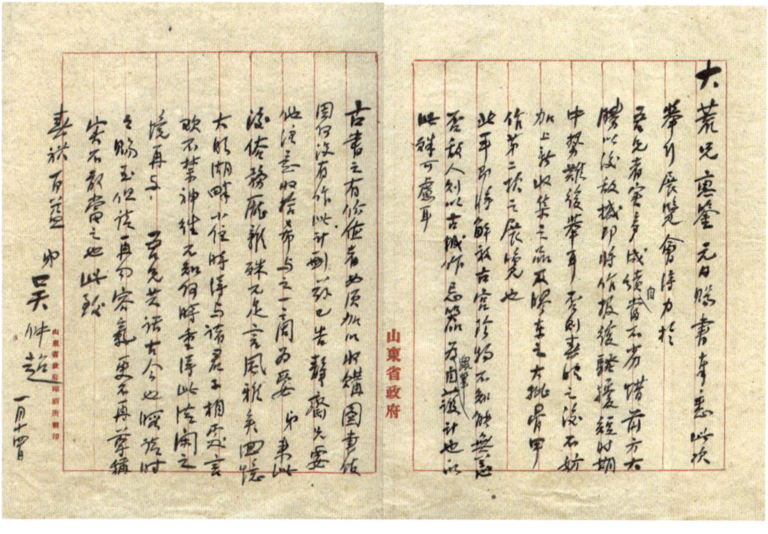

1949 年吴仲超同志给大荒先生的来信

得以与诸君子相处，言欢不禁神往，不知何时重得此清闲之境，再与吾兄共话古今也。暇请时时赐玉，但请再勿客气，更不再尊称，实不敢当也。此致　春祺百益

弟吴仲超

一月十四日

中华人民共和国成立后，吴仲超同志作为红色文物专家，成为新中国成立后首任故宫博物院院长，为我国的文博事业做出了巨大贡献，一直到 1984 年 10 月 7 日在北京逝世。他和大荒先生一直保持着书信来往，但很多书信在“文革”中都遗失了，我们现在只能从仅存的资料中一睹这两位文物专家的友谊了。

十、张友鸾、张友鹤：新闻界知名的“大先生”“二先生”

张友鸾（1904—1990），安徽安庆人，字悠然，笔名悠悠、牛布衣、草厂、傅逵，中国知名报人。张友鸾办报坚持“有趣”，抗战时期，一则讽刺国民党官员的新闻，他拟标题为“前方吃紧，后方紧吃”，是最为人称道的标题。新中国成立后，张友鸾应人民文学出版社副总编聂绀弩之邀，到人民文学出版社担任古典文学编辑室主任，做古典文学的编辑和选注工作，参与了《水浒传》《红楼梦》《三国演义》等注释工作。

张友鸾、张友鹤先生合影

张友鹤（1907—1971），张友鸾先生的胞弟，亦是中国知名

报人。20 世纪 30 年代，两位兄弟因为杰出的办报才华，被称作报界的“大先生”和“二先生”。新中国成立后，张友鹤作为人民出版社古典文学编辑室的特约编辑，校注了《唐宋传奇选》《镜花缘》《官场现形记》《二十年目睹之怪现状》，并从事了《聊斋志异》的会注会校工作。

张友鸾、张友鹤两兄弟与大荒先生的交往可能是从 20 世纪 50 年代开始的。当时两位先生均在人民文学出版社从事古典文学研究、整理及编著工作。正值大荒先生《聊斋全集》的再版整理工作已经开始，与两位先生有了较为密切的联系。在仅存的几封张友鹤先生的来信中，他都详细地探讨了大荒先生著作再版的细节，及需要解释的地方。他在 1957 年 9 月的信中写道：

> 大荒先生左右，前次尊驾来京，得亲馨欬，快慰平生……尊编《聊斋全集》业拜读一遍，搜罗丰富，巨细靡遗，用力之勤，至深佩慰。惟《蒲氏年谱》一篇，铅印本上注云已另编写，而抄本中未见此稿，不知是否尚未整理就绪……

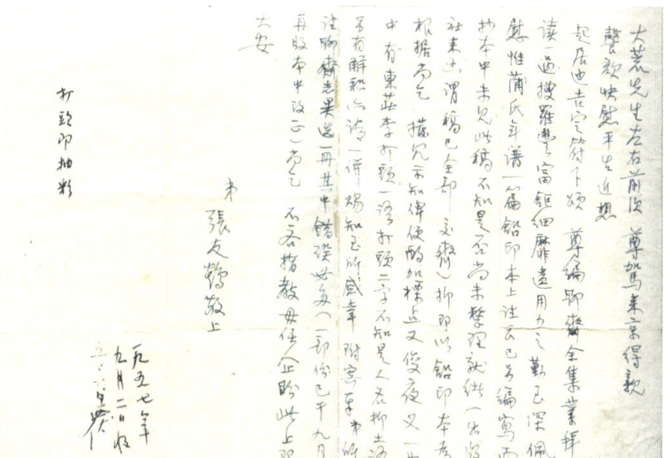

1957 年张友鹤先生给大荒先生的来信

在随后的日子里，张友鹤先生在另一封信中谈道：

……春间如果南游，过济时定奉竭尽一日之欢，彼此志同道合，畅谈既是快事，况可游览名胜，能有瓜于果腹即可，因不在哺啜也，一笑。……

即使是在普通的通信中，张友鹤先生诙谐幽默的文笔可见一斑。

张友鸾、张友鹤两位先生在编辑大荒先生著作的过程中与大荒先生的友谊日渐加深。张友鸾先生曾在 1956 年向大荒先生赠诗一首：

谐狐趣鬼多情思，木魅花妖亦可怀。

如此文章如此事，教人怎不拜聊斋？

1980 年 9 月 2 日，大荒先生逝世 8 年之后，山东省有关部门在英雄山烈士陵园礼堂召开了隆重的追悼大会。当时张友鹤先生已经仙逝，张友鸾先生得知后发来唁函：

山东省图书馆、路大荒同志治丧小组：

接得通知，敬悉路大荒同志追悼会将于九月二日举行。年迈道远，我不能亲自前来参加，甚以为憾！拜托代为致送花圈，灵前祭奠，聊表哀思！所需费用，请示当即汇奉。

此致

敬礼

张友鸾

十一、刘阶平：经济学家、蒲学专家

刘阶平（1906—1994），山东潍坊人，1932 年毕业于上海国立中央大学商学院，无党派人士。毕业后在国民政府财政部任秘书、会计处处长、国有资产调查委员会副主任。抗战时期任国民政府军事委员会官员、中央大学教授、南京大学教授，1994 年病

刘阶平先生与家人合影

逝于台湾。刘阶平先生著有会计方面许多著作，他在业余时间喜欢整理蒲学资料等古籍，亦是蒲松龄研究及清代鼓词和俚曲研究专家。作品有《蒲留仙松龄先生年谱》《蒲留仙传》《蒲留仙遗著考略与志异遗稿》《聊斋手稿与铸雪斋抄本研究》《木皮散客鼓词》等。

刘阶平先生早年即在财政部工作，是一位经济学界的著名学者，但这没有影响他对我国古典文化的热爱与痴迷。早在抗战前期，他与路大荒、王统照、王献唐、傅斯年、郭味蕖、田仲济、屈冀鹏、孔德成诸位文化界先生均为挚友。尤其是在蒲学研究上，更与大荒先生来往甚密。晚年他曾对他的亲友多次谈到，大荒先生是蒲学研究及古籍善本的知名专家，也是他最要好的朋友。

刘先生与大荒先生早年即在蒲学研究上有着密切的往来。早在 1932 年冬，刘阶平先生在上海宝隆医院养病，曾作《蒲留仙先生的全部遗著》一文，发表于《国闻周报》10 卷 27 期，计列蒲松龄遗著凡 34 种。1933 年 3 月 7 日，路大荒在其褚砚斋草就《蒲柳泉先生遗著补考》时多有匡补。在此基础上，1935 年夏，刘阶平就手底所搜集和录存者，再作《蒲留仙遗书漫记》，采用了大荒先生“访书记”中提要的部分内容，包括《鹤轩笔札》四册、《观象玩占》三册、《会天意》一册、《家政汇编》底稿一册、《婚嫁全书》底稿一册。此外，尚有《蒲氏家谱》《东谷文集》等。他们在蒲学研究的道路上，相互支持，资料共享，共同的志趣与爱好使他们成为好朋友。

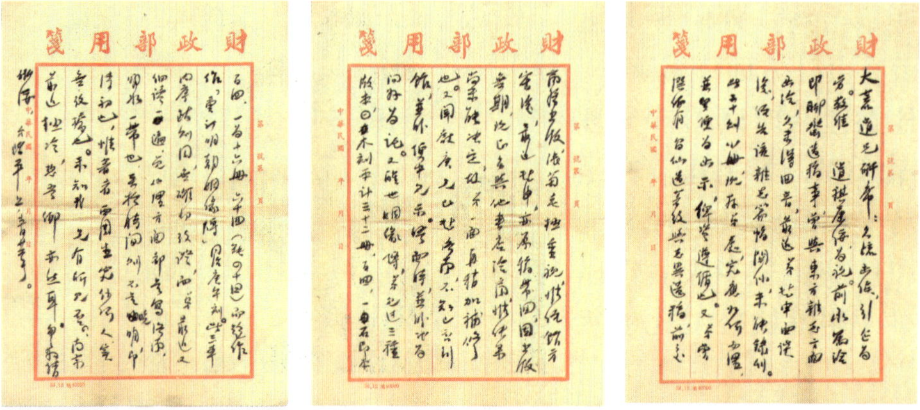

1946 年刘阶平先生给大荒先生的来信

在现存的刘先生信札中可以看到，他们治学是非常严谨的。刘先生在十二月廿二号的信中就《醒世姻缘传》版本及作者问题与大荒先生进行了深入的讨论：

> ……《醒世姻缘传》弟见过三种版本，木刻本计三十二册百回，一石印本百回，一为十六册六十回（缺四十回）而题作《重订明朝姻缘传》，同治庚午刻，此三本内容序跋则同，无确切考证。而弟最近又细读一遍，觉地理方面部分写济南、明水一带也。关于时间则不是晚明即清初也。惟著者西周生究系何人，实无考稽也。未知我兄有所见否？……

在 1947 年除夕刘先生给大荒先生的信中，他又就《醒世姻缘传》真伪问题提出了自己的见解：

> ……《醒世姻缘》弟得有木刻本二种，一为三十二大本者，分为四套，想系最初刻本。此书得自廿五年十月冬间，由北平东安市场以五元买之。一为十六本者，为同治庚午刻本，题作《重刻明朝姻缘传》。而两种本子序、跋皆同。后一种为最近得自南京旧书肆者。至今日一般石印（见一种）、铅印（见三种），皆删削改动，不能照原版比也。

至胡天行君所记为明人吕兆文说，恐实无确据，至云其见有明版者，弟揣想或见此十六册之木刻本，有“明朝”二字之误耳。惟弟细读《姻缘传》具有这地方与俚曲里《江城》故事极相同。胡适之说当然无确证，但亦不可忽视之。弟想这个问题，非找出真证来，不能断定矣。

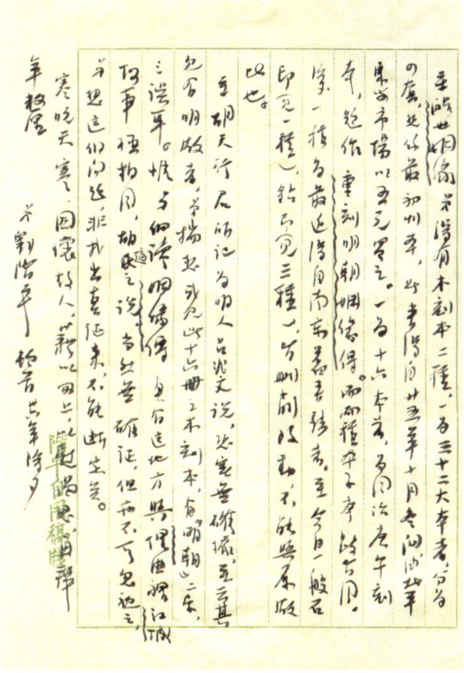

1947 年刘阶平先生给大荒先生的来信

1949 年，刘先生去了台湾，与大荒先生失去了联系。20 世纪 80 年代，两岸的文化交流日益频繁，刘先生多次询问大荒先生的情况。刘先生的一位亲戚是我父母亲的同学，亦是我的老师及领导。当得知大荒先生早已仙逝，刘先生表示了沉痛的哀悼，并对再也不能与大荒先生共同进行蒲学研究深表遗憾。

20 世纪 60 年代，刘阶平先生在台湾正中书局出版了由于右任先生题签的《蒲留仙传》，台湾中华书局印行了刘先生《蒲留仙松龄先生年谱》等著作，为蒲松龄研究增添了浓墨重彩的一笔。

十二、傅大卣：文博大家，迟到的来信

傅大卣（1917—1994），河北三河人，生于书香门第。14

岁时，他怀着“男儿当自强，不能苟一生”之志，在其父傅青俊友人北平商务印书馆经理孙伯衡、冯世伯帮助下，到琉璃厂古光阁当学徒。古光阁后院曾为民国间古物金石文字研究团体“冰社”的社址。自此，他虚心求教，博学众长，潜心学艺。先后拜识了学识渊博、社会地位显赫的学者名流，如古物收藏家、鉴赏家陈宝琛（曾为清朝末代皇帝溥仪的老师）、郑孝胥、罗振玉、易大庵、齐宗康、周康元、罗惇曧和著名学者黄节、马衡、袁励准、徐森玉及著名戏剧家梅兰芳、尚小云等，耳濡目染，受益匪浅。其中，周康元（1891—1961），字希丁，精于金石刻版及传拓钟鼎器，尤擅拓器物全形。傅大卣耳濡目染，学到了鉴别文物的本领和历史、古文字的知识，而且继承了周康元的传拓绝技。傅先生一生手拓钟鼎彝器、砚、印章、甲骨、玉器、陶器、铜器、石器等数万件。新中国成立后，傅先生曾任国家文物鉴定委员会委员、国家文物局流通文物专家组成员、中国历史博物馆文物鉴定顾问、故宫博物院文物鉴定顾问等，是集金石、篆刻、传拓、鉴定为一体的稀世之才。

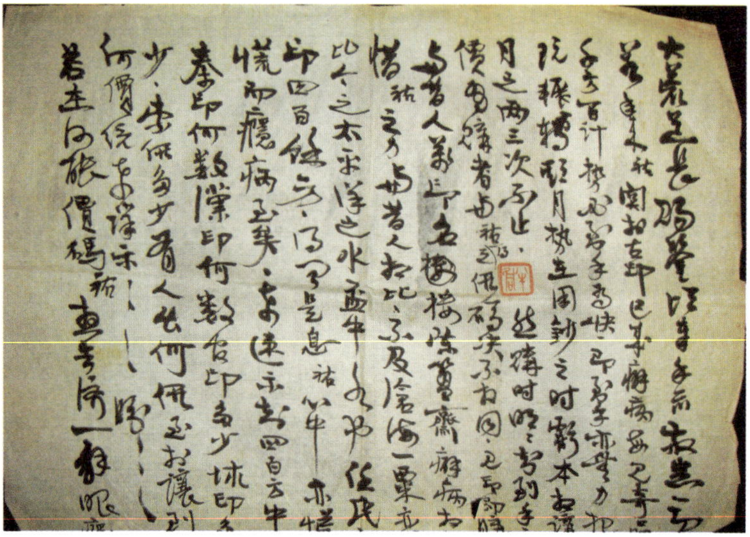

1948 年傅大卣先生与大荒先生商榷古印的信

大荒先生与傅先生 20 世纪 30 年代即已相识。1938 年大荒先生北平之行，其中一项就是拜访了傅大卣先生，就元明古籍版本的特征进行了探讨。从仅存的资料中还可以看到，1948 年傅大卣先生给大荒先生的信件，详细讨论了大荒先生收藏的一方古印，就古印的形制、年代等方面进行了商榷。傅大卣先生是著名的篆刻家，作为他的好朋友，傅先生为大荒先生篆刻了许多图章。这些图章有名章，也有闲章。这些图章也见证着两位先生的友谊。

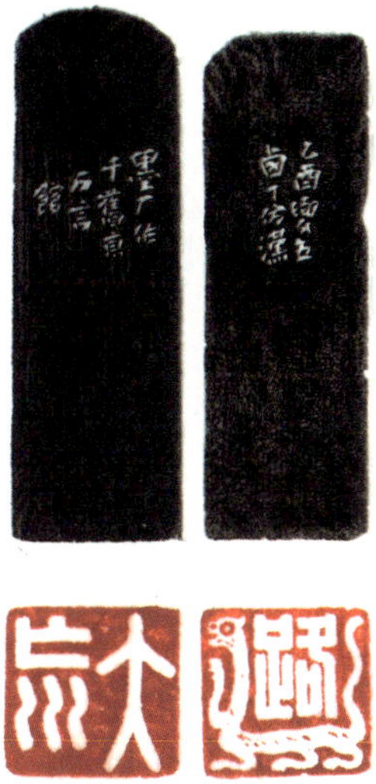
傅大卣先生给大荒先生篆刻的图章

1972 年，“文革”已经进入到第六个年头。在毛主席“抓革命，促生产”的号召下，在周总理的直接干预下，文博系统亦开始恢复正常工作。傅大卣先生在故宫工作时无意听到了大荒先生的消息，并得知他还健在，那一刻他是多么高兴啊！傅先生立即给大荒先生写了一封书信，在信中写道：

> 大荒老友，我近来又在故宫工作，无意中在闲谈的当中，与山东博物馆即您处的青年王同志得知您近来身体仍很健壮。使我盼望多久想得知信息的老友在无意中了解到，这是多么的雀跃欲飞呀。
>
> 我在六六年开始脱离了北京文物商店，参加市清理文物工作。六九年正式转入市文物管理处，有时去博物馆，或去故宫，但大多数在处里工作。前一段时间搞清理工作，近二三年来重搞我的旧业刻拓。在北京我们见面以后不觉就是将近十年，今天我们能够在通封信谈谈别后情况，是多么高兴呀。在这将近十年的当中，我又整理了旧拓甲骨、

古玉、铜印、铜镜、铜番片、符牌、粘本的初步工作，时间有限，那（哪）一部也未完成，只有大致粘贴成页的过程。看来再有一年半年也没有希望。总是想完成一部。经商承祚老师一再促进，初步整理了四千左右方铜印。以后可能还要请您作序或书签。信笔拉杂，谈了无次序一大堆，希见复谈谈别来情况为荷。

此致

敬礼

傅大卣

72.5.27 晚

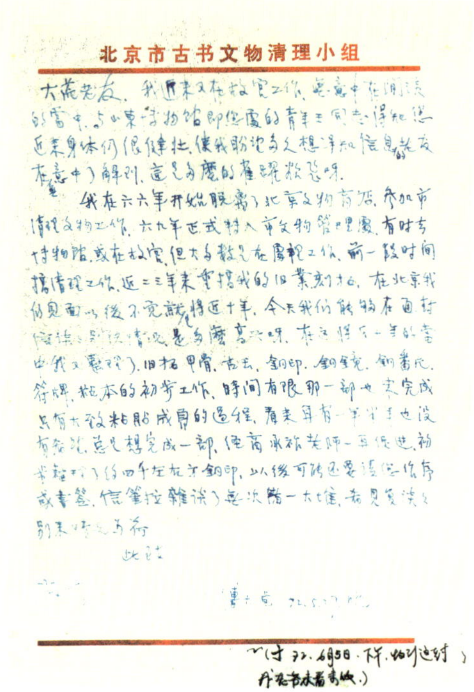
北京市古书文物清理小组

1972 年傅大卣先生给大荒先生生前最后一封信

从信中可以看出，经过“文革”数年，老友之间的音信全无，偶然能得知老友尚在人间，且身体康健，那是多么令人兴奋的事啊！傅大卣先生在这封信里，几乎想把这几年发生的事情都一股脑地说给大荒先生听，又急切地想知道大荒先生近年来的状况，欣喜之心跃然纸上。然而当这封信于 1972 年 6 月 5 日下午送到曲水亭家里时，不幸的是，大荒先生于当日上午突发脑出血送往医院医治，经抢救无效，于次日逝世于济南市中心医院。命运无常，它就是这样捉弄着人，大荒先生没有亲自看到这封信，没能分享到老友重新联系上的愉悦，这种遗憾无法弥补。

1980 年，在路大荒先生隆重的追悼大会上，傅大卣先生亲自撰写了挽联“曲水亭畔，研治聊斋，成绩卓著传后世；痛失良友，音容常在，奋力长征慰英灵”。

十三、王讷：辛亥革命先驱，著名书法家

王讷（1880—1960），山东安丘人，字墨轩、墨仙，别号七十二名泉烟雨楼主、西湖渔父等。1903 年，王讷参加科举考取举人。自 1906 年以来，王讷先生与革命党人创办报纸，宣传进步思想，鼓动革命运动，并创办山左公学，得到广大同盟会会员的支持。1911 年武昌起义以后，在济南的革命党人认为山东举义的时机已到，便多次秘密聚会，于 11 月 7 日宣告正式成立山东全省各界联合总会，王讷被推选为副会长，进行了一系列推翻清朝的运动。王讷先生一生虽不能说有誉无毁，但即此参与辛亥革命一端，已足以传之不朽了。

中华民国成立后，王讷先生出任山东教育厅厅长等职，后谢绝仕途，长期靠卖字写稿维持生活。当时他题写的匾额、招牌墨迹遍布济南市，足见其书法声望之一斑。

大荒先生早年即与王讷先生相识。抗战开始后，大荒先生来到济南，在秋柳园隐居期间，与在济南的文人们保持着广泛的联系。

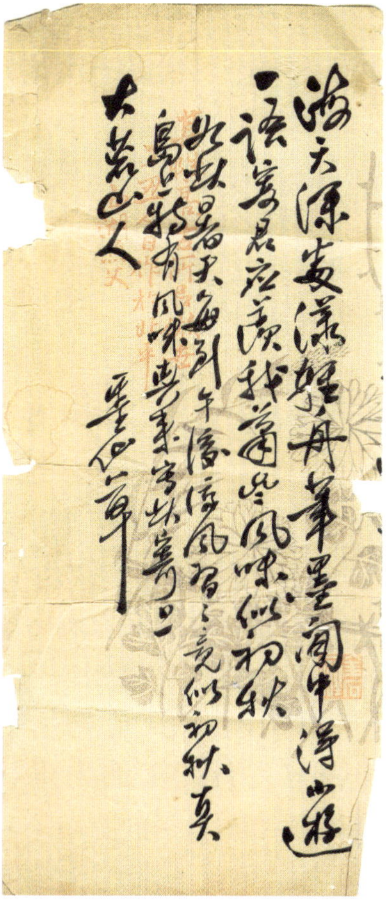

王讷先生为大荒先生题诗

抗战初期，共同的抗战爱国情结，更是使他们走到了一起。王讷先生与大荒先生、辛铸九先生登报发出倡议，号召书画界同仁义卖作品，支援前线抗战，争取胜利，尽到一位爱国文人的责任。

1941 年，大荒先生在秋柳园隐居的日子里，仍念念不忘蒲学研究。他请王讷先生写《〈蒲柳泉先生年谱〉序》，王讷先生在序中写道：

柳泉先生，吾东文学界中，有清三百年来一人而已。其著述等身，都数十百万言，就中余最服膺者，为《聊斋志异》一书。其文笔谨严处似《春秋》笔法、绚丽处似六朝文字、恢诡处似老庄御寇、放纵处似班氏司马、可歌可泣处似《离骚》长沙、振笔直书处似韩潮苏海。盖文家之妙，无一不备，不能殚述也。只以终老林泉，囿死乡里，不能不为先生哭，不能不为古今文人不得志者哭。路子笠生先生，乡人也，出其手编先生年谱，爱而读之。又细细为校刊之，爰志一言于简端。时在民国第一辛巳之年小阳之月。七二名泉烟雨楼主安丘王讷识于历下百花桥畔。

他们共同挥笔作画一幅，此作品现存于周村文化馆。

1941 年，大荒先生在市坊购得一尊古佛，王讷先生赋词一首以记之：

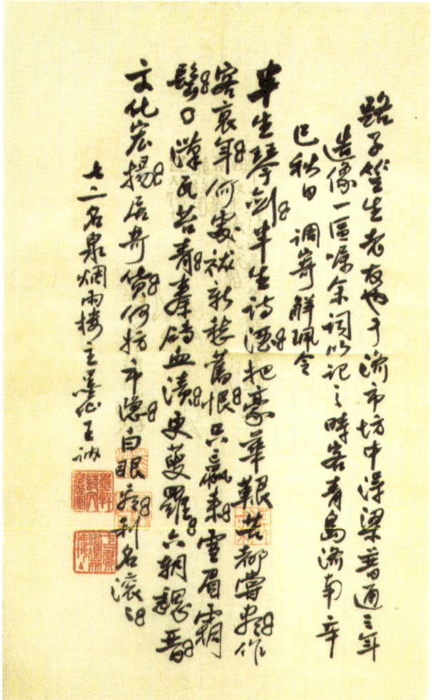
大荒先生得梁普通三年古佛，王讷写词记之

路子笠生，老友也，于济市坊中得梁普通三年造像一

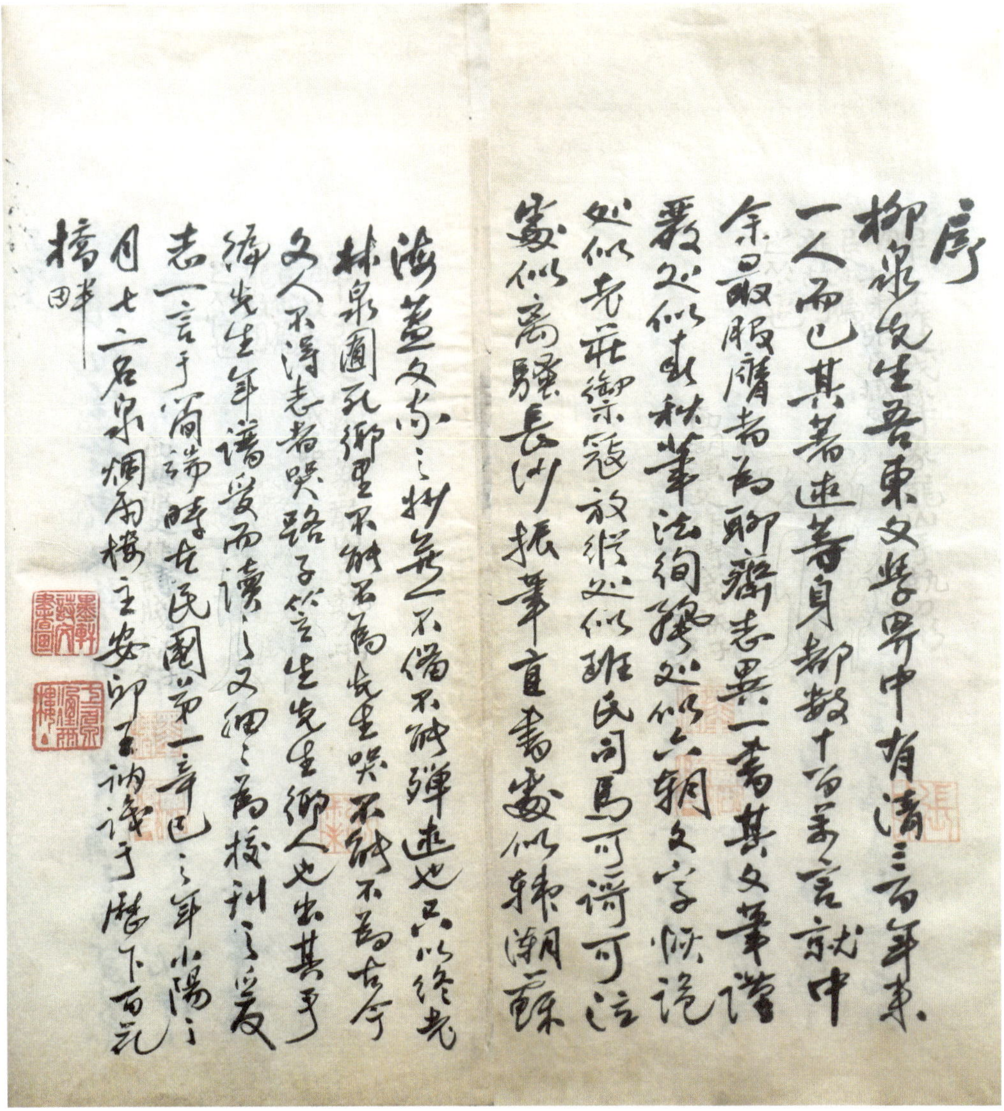

序
柳泉先生吾東文學界中有清三百年來
一人而已其著述等身都數十百萬言就中
余最服膺者為聊齋志異一書其文筆謹
嚴處似春秋筆法綺穆處似六朝文字恢詭
處似老莊[illegible][illegible]放縱處似班氏司馬可謌可泣
處似屈騷長沙振筆直書處似韓潮蘇
海蓋文章之妙無不備不能殫述也只以終老
林泉困死鄉里不能不為先生哭不能不為古今
文人不得志者哭路子笠生先生鄉人也出其手
編先生年譜受而讀之又細細為校刊之爰
志一言于簡端時在民國第一辛巳之年小陽之
月七十二石泉烟雨樓主安邱王訥識于歷下百花
橋畔

王讷先生亲笔所写《蒲柳泉先生年谱》序言

区，嘱余词以记之。时客青岛、济南，辛巳秋日，调寄【解佩令】。

半生琴剑，半生诗酒，把豪华艰苦都尝尽。作客衰年，何处祓新愁旧恨。只赢来，雪眉霜鬓。　　汉瓦苔青，秦砖血渍，更搜罗六朝魏晋。文化宏扬，居奇货，何妨市隐？白眼看，利名滚滚。

七二名泉烟雨楼主墨仙王讷

1947 年，溥心畬先生的夫人不幸去世，作为溥先生的好友，大荒先生收到讣告后，即刻回信，奉上挽联一副。在信中，大荒先生特地提道“外王墨仙，公旧友，不见二十年矣，谏诗一首嘱转致”，为王讷先生转致溥先生哀悼之情。

王讷先生亦擅画，以画兰花、梅花为主。我曾见到王讷先生赠大荒先生一把成扇，墨笔兰花，煞是好看。王讷先生曾在 1950 年《完白山人晶印识》一文中对大荒先生收藏的一方邓石如水晶印章做了详细的评论，体现了王讷先生在金石玉器欣赏方面较高的造诣。

1951 年，大荒先生迁居至美丽的曲水亭畔，王讷先生得知后赋诗一首，以表庆贺。他在诗中写道：

王讷先生赠大荒先生兰花成扇

子孙非吾有，委蜕于天地。达观老庄语，真理岂游戏？吾身亦假合吾生，亦如寄一切身外物，何必求其备？君住湖上廿余年，小楼风光自明媚。轩开延入夕阳红，小窗近接波光翠。今年移居曲水上，小桥流水多诗意。放怀门外皆康庄，吐故纳新足恣肆。得此更觉幽怀宽，好揽前途风云辔。（窗虚句误小窗）

辛卯十月赋上即乞指正

百二名泉烟雨楼主王墨仙，时行年七十有四岁。

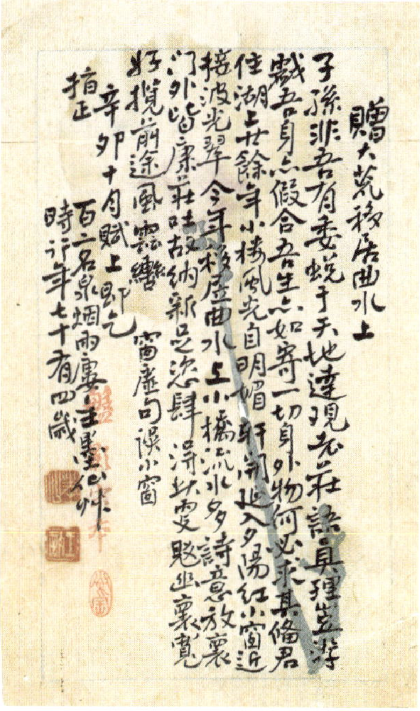

王讷题赠大荒移居曲水上

十四、李士钊：武训研究专家，蒲学研究无私奉献

李士钊先生

李士钊（1916—1991），山东聊城人，著名的音乐家、学者、社会活动家，因研究武训及编写《武训画册》被错划成“右派”，蒙冤二十余年。后为武训正名积极奔走，最终使武训案得以平反，是我国武训研究及宣扬“武训精神”的第一人。李士钊先生是一位传奇人物，早在20世纪30年代，他就读于上海音专，后来主要从事外国音乐的译介工作。翻译有《联合国歌集》《美国黑人歌曲集》等。1945年联合国成立时，

中国代表团临行前，他向全体成员教唱由他翻译的《联合国国歌》，其中就有宋子文、董必武等人。抗战爆发后，他回到家乡聊城，做范筑先将军的战地记者，冒着枪林弹雨，在抗日的第一线传播胜利的消息。李士钊先生亦是一位社会活动家，他与当时各个政治派别均相与甚厚，与董必武相交，与郭沫若相惜，与孔祥熙共事……他还是个文武全才，文能提笔安天下，武能上马御寇敌。他在传统文化、古典文学方面均有很深的造诣，还是我国最早一批接受过现代音乐教育的音乐家。

我不知道大荒先生与李士钊先生具体是何时相识的，但在我的记忆中，大荒先生朋友中，我是与李士钊先生接触最多、最熟悉的，亲切地称他“李伯伯”。记得“文革”开始不久，李士钊先生手里提着一个黑色破旧的提包，急急忙忙地推门而入，将满满一提包的书倒在地上，悲愤地诉说着：“大荒先生，您看我为国家为人民做了这么多工作，写了这么多书，翻译了这么多歌曲，为什么说我是‘右派’‘反革命’呢？我想不通啊！”大荒先生那时经过了多次批斗，身体已经很不好了，他颤颤巍巍地扶起已坐在地上的士钊先生，说了几句是我至今都难以忘记的话：“士钊啊，以后在外面千万不要提这些事了，现在你做的这些事越多，他们就说你越‘反动’啊。你在外面记住千万不要说了！”

随着“文革”的深入，士钊先生的“问题”不断升级，“大右派”“反革命”的帽子一顶一顶飞来。我曾在后宰门街上看到有“红卫兵”追着士钊先生打骂的情景。士钊先生秉性耿直，只是一边护着头，一边反驳道：“我不是‘反革命’！不是！我是拥护共产党、拥护毛主席的！”不久，他就被遣返回聊城老家了。

“文革”中，士钊先生只身一人在山东，虽然被遣返回老家聊城，但聊城也没有什么亲人了。他只要回到济南，就是我家的常客。经过“文革”早期频繁的批斗，大荒先生这些老“牛鬼蛇神”已经引不起“造反派”的兴趣，家里也相对清静点了。在大荒先生的那间卧室兼书房里，我时常看到大荒先生和士钊先生兴致勃勃谈话的情景。士钊先生称大荒先生为老师，经常向他请教蒲松龄著作研究中的一些问题，商榷、研讨一些尚有争议的观点，甚至小声谈一些外面不能讲的敏感话题。士钊先生虽然在“文革”中处境很差，但他一谈起学问来，瞬间神采飞扬，完全忘记了当时所处的环境。

早在 1961 年，划为“右派”的士钊先生在王村劳动改造期间，得知蒲松龄故居就在附近，即前往凭吊，并悉心留意蒲氏遗迹。他因病住在长申地休息时，发现了一块题为“创修五圣祠碑”的石碑，碑文是蒲松龄所撰，落款年代为康熙三十八年己卯（1699）。当时士钊先生欣喜若狂，当即把碑文抄了下来，寄给了大荒先生，后证实确实为蒲氏佚文。这也是士钊先生研究整理蒲氏著作的开始。士钊先生说：“我就是大荒先生的学生。”从此，他以搜集有关国外研究蒲松龄著作的文献为工作重点，同时协助大荒先生为淄川蒲松龄故居征集文物展品而四处奔波。

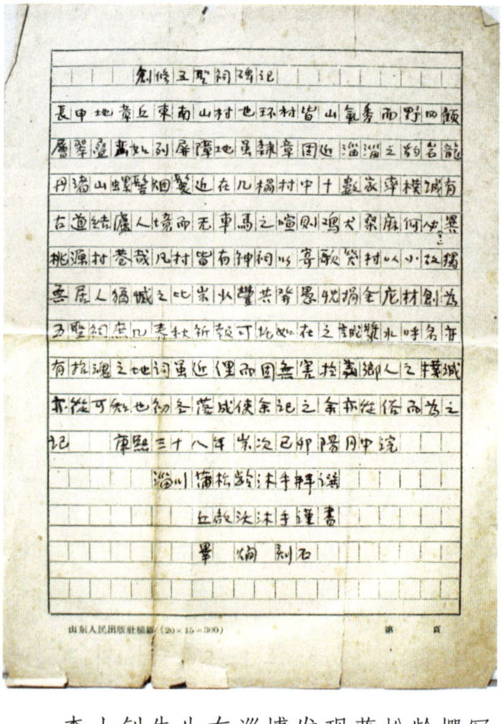
創修五聖祠碑記

長申地章丘東南山村也环村皆山氣秀而野四顧層翠疊嶂如列屏障地虽隸章丘近淄淄之豹岩龍丹諸山螺髻烟鬟近在几榻村中十數家率樸誠有古道结廬人境而无車馬之喧則鸡犬桑麻何必異桃源村巷哉凡村皆有神祠以寄歌哭村以小故獨無居人猶憾之比岁火豐共皆畏忧捐金庀材創為五聖祠庶几春秋祈報可托如在之誠髣水呼名亦有招魂之地祠虽近俚而固無害於義鄉人之樸誠亦從可知也初冬落成使余記之余亦從俗而為之記 康熙三十八年岁次己卯陽月中浣

淄川蒲松齡沐手拜譔

丘啟沐沐手謹書

畢炯刻石

山东人民出版社稿纸（20×15=300） 第 頁

李士钊先生在淄博发现蒲松龄撰写的《创修五圣殿碑记》的碑文

当士钊先生看到我因学校“闹革命”而不能上学读书，只能整日待在爷

李士钊先生请郭沫若先生为蒲松龄故居撰写的对联

爷书房时，可惜地说：“这是娃娃们该上学的年龄啊，荒废了太可惜了，我教你查《康熙字典》吧。”说着他随手拿着案头上的一本《康熙字典》教我查起来。李伯伯有空时还会给我讲一些他翻译的外国歌曲、古今中外的一些典故等，也正是爷爷、李伯伯等人这些前辈的言传身教，才使我养成了阅读的好习惯，让我终身受益。

士钊先生在山东淄博王村劳动改造时曾多次到蒲松龄故居凭吊，每次都不免触景生情，感慨万千。他与大荒先生多次交谈，拟利用他与国内许多著名文化名人相熟的条件，找一些文化名人题词作画，以充实蒲松龄故居的馆藏，提高故居的知名度。当时蒲松龄故居正房堂屋上只悬挂着大荒先生书写的横匾“聊斋”二字，两旁尚缺一副对联。士钊先生即提笔向郭沫若先生写信反映情况，恳请郭沫若先生为蒲松龄故居题写一副对联。不久，郭沫若先生的回信寄到了劳教所，内附一联，就是至今仍挂在蒲松龄故居聊斋房内的那副“写鬼写妖，高人一等；刺贪刺虐，入骨三分”的佳联。郭沫若先生的信在劳教所引起了轰动。一个劳教人员，忽然接到了一封来自国务院的信，用的是大信封。

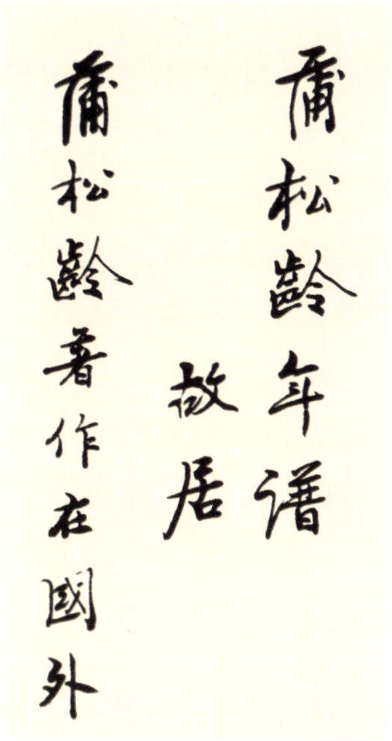

李士钊先生请茅盾先生题字

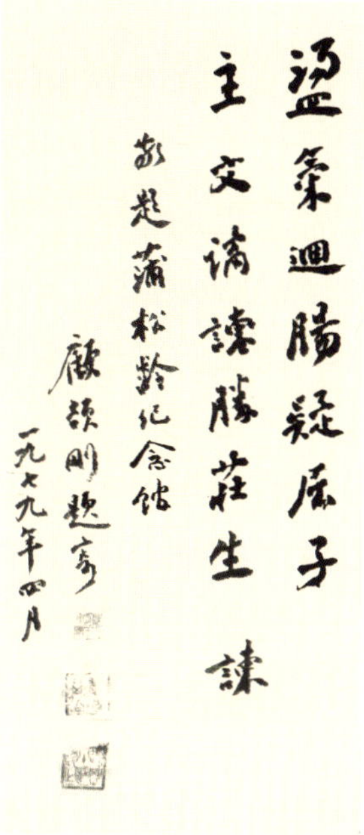

李士钊先生请顾颉刚先生为蒲松龄纪念馆题词

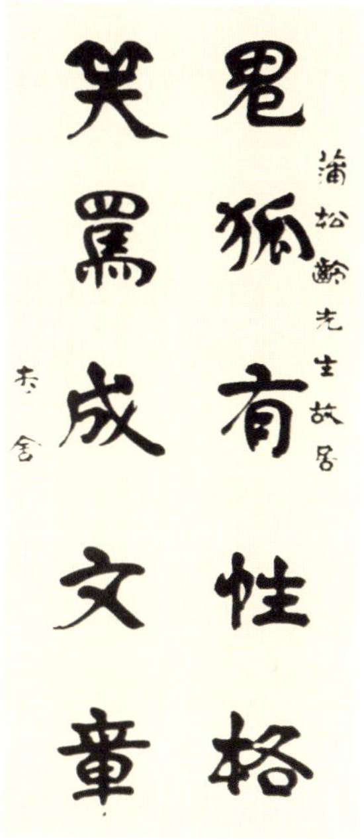

李士钊先生请老舍先生为蒲松龄先生故居题词

郭沫若先生那潇洒的行书在信封上写着“李士钊先生收”，落款是大红字的“中华人民共和国国务院”。劳教所上上下下无人敢拆。所长客客气气地把士钊先生请到办公室，请他当着领导的面打开。当劳教所的领导看到对联时，因学识有限，不知为何物。还是经士钊先生说明后才搞清楚这是一件与加强无产阶级专政风马牛不相及的闲事，遂作罢了。但从此劳教所上上下下对士钊先生敬重有加。这副对联一直挂在故居聊斋蒲松龄画像两侧，蜚声国内外。劳教结束后，士钊先生又相继请茅盾、顾颉刚、老舍、臧克家、丰子恺、李苦禅等先生为故居题字作画。拿到字画后，士钊先生总是兴致勃勃地请大荒先生过目、欣赏后，无偿地献给了蒲松龄故居，他自己从来不留一件。目前蒲松龄纪念馆保存的大量名人字画、书法，相当大一部分是李士钊先生所赠。

大荒先生在经历了“文革”精神及肉体的双重折磨下，身体每况愈下，终于1972年6月6日因脑出血发作，离开了人世。在当时的形势下，大荒先生的朋友们被批斗的批斗，挨整的挨整，被关押的关押，一般的亲朋好友也不敢前往吊唁。士钊先生生性耿直。他说：“我是大荒先生的学生，这时候，我能不在老师家处理后事吗？”记得那些日子，李伯伯在我家跑前跑后，他不惧怕当时的政治环境，自己用蜡纸刻印了《路大荒先生讣告》。在这篇几百字的讣告中，他将大荒先生的履历及在蒲学研究中的贡献一一列出，并在亲朋好友中散发，这在当时是多么勇敢的事情啊！他在讣告中称：

> 路大荒先生，山东省淄川县菜园村人，生于一九八五年。生平致力于蒲松龄诗、词、赋、骈文、散文、俚曲、杂文以及其他杂作的研究、搜集与整理工作。四十余年无间寒暑辛勤劳动，尽了极大的努力。一九三六年曾编辑《聊斋全集》及《蒲松龄年谱》出版（世界书局）为我国文学界盛事。……一九五三年又开始对于蒲氏遗著进行了重新整理，一九五四年参予（与）蒲松龄故居纪念馆的筹建工作。一九六二年由上海中华书局出版了路大荒编辑整理、包括：《聊斋文集》《聊斋诗集》《附录》《蒲松龄先生年谱》《蒲氏世系表》等一百二十三万字的《蒲松龄集》。这是蒲松龄逝世（一七一五

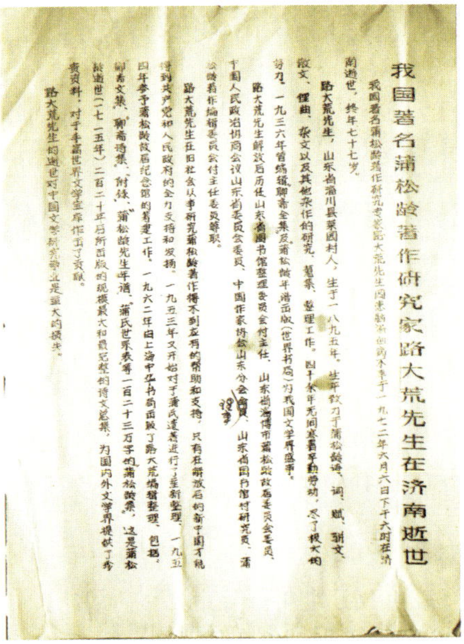

我国著名蒲松龄著作研究家路大荒先生在济南逝世

我国著名蒲松龄著作研究专家路大荒先生因患脑溢血病不幸于一九七二年六月六日下午六时在济南逝世，终年七十七岁。

路大荒先生，山东省淄川县菜园村人，生于一八九五年。生平致力于蒲松龄诗、词、赋、骈文、散文、俚曲、杂文以及其他杂作的研究、搜集、整理工作。四十余年无间寒暑辛勤劳动，尽了极大的努力。一九三六年曾编辑聊斋全集及蒲松龄年谱出版（世界书局）为我国文学界盛事。

路大荒先生解放后历任山东省图书馆整理委员会付主任、山东省淄博市蒲松龄故居委员会委员、中国人民政治协商会议山东省委员会委员、中国作家协会山东分会会员、山东省图书馆付研究员、蒲松龄著作编辑委员会付主任委员等职。

路大荒先生在旧社会从事研究蒲松龄著作得不到应有的帮助和支持。只有在解放后的新中国才能得到共产党和人民政府的全力支持和发扬。一九五三年又开始对于蒲氏遗著进行了重新整理。一九五四年参予蒲松龄故居纪念馆的筹建工作。一九六二年由上海中华书局出版了路大荒编辑整理、包括：聊斋文集、聊斋诗集、附录、蒲松龄先生年谱、蒲氏世系表等一百二十三万字的蒲松龄集。这是蒲松龄逝世（一七一五年）二百二十年后所出版的规模最大和最完整的诗文总集，为国内外文学界提供了珍贵资料，对于丰富世界文学宝库作出了贡献。

路大荒先生的逝世对中国文学研究事业是重大的损失。

1972年李士钊先生为大荒先生撰写的讣告

年）二百二十年后所出版的规模最大和最完整的诗文总集，为国内外文学界提供了珍贵资料，对于丰富世界文学宝库作出了贡献。

路大荒先生的逝世对中国文学研究事业是重大的损失。

我当时尚年少，在“文革”中第一次读到为我爷爷正面书写的履历，也是从这份讣告中，第一次知道爷爷是对我们祖国传统文化做出贡献的人，同时也对李伯伯仗义执言的行为深深敬佩！

我们一家与士钊先生一直保持着密切的联系。改革开放以后，士钊先生多次与我父亲、伯父商谈，拟将大荒先生的《蒲松龄集》再版。由于历史的原因，大荒先生编著的《蒲松龄年谱》是附在《聊斋文集》后的。士钊先生亦着手再版时以单行本的形式出版。同时，20 世纪 60 年代《蒲松龄集》出版后，大荒先生又搜集整理了部分新的蒲氏文稿，士钊先生亦发现了蒲松龄先生撰写的《青云寺重修二殿记》，希望再版时给予补充。这些计划在士钊先生的努力下，一一得以实现。

1986 年 4 月，上海古籍出版社又出版了新版的《蒲松龄集》。1980 年，新版的《蒲松龄年谱》亦由齐鲁书社出版了。这本年谱除了将 1962 年大荒先生编辑出版的《蒲松龄集》中的年谱抽出单独出版，并将我伯父路士湘先生在大荒先生去世后替他整理的《蒲松龄年谱补遗》附后，作为史料的增补。此外，还附有李士钊先生于 1961 年在章丘山村发现的蒲松龄撰写的《创修五圣祠碑记》、1963 年在淄川深山古刹中觅得《青云寺重修二殿记》以及蒲玉水先生于 1964 年所发现的《重修三圣祠碑》三处庙碑。并将碑文按照撰写年代的先后次序，插入年谱之中。李士钊先生亦将他 1962 年秋天在蒲松龄出版后所写的《蒲松龄与路大荒》一文作为附录，编于书末，以简略介绍大荒先生的生平及治学经过。

早在 20 世纪 60 年代初期，大荒先生就把家藏的有关蒲松龄研究的外文资料交予士钊先生整理。士钊先生自己翻译了一部分，又组织熟悉英、日、俄、德、捷等文种的同志分别译出一批外文资料，不幸因十年“文革”而中断。从70年代后期，士钊先生遂重修整理旧稿，再增新译，主编并抄成《蒲松龄在国外》书稿一部。全书有从多种外文译出的研究蒲松龄专著50多篇，近五十万字。已请茅盾先生题写书名，又请著名作家、翻译家杨宪益作序一篇，自写后记附于文末。不幸的是，士钊先生于1986年6月突患脑卒中，并于1990年去世，此书难付梓行。杨宪益先生在序中写道：“这是一项介绍中国古典文学在国外研究情况的巨大工程，作为蒲松龄在国外的资料汇编，对于国内外研究蒲松龄著作的人们，都将大有用处。”陶振纲先生在回忆文章中也写道：“此书也是路老先生蒲学研究的继续和发展，他若能看到此书出版，无疑会得到无限喜悦与欣慰。”衷心希望这本书能够在有关人员的关注下，顺利出版，以完成先贤的心愿。

十五、石谷风：文博专家、著名画家，亦师亦友忘年交

石谷风先生

石谷风（1919—2015），湖北黄梅人。1938年毕业于北平艺专国画科，后入北平古物陈列所国画研究馆研究生班。曾任北平古物陈列研究馆研究员、安徽省博物馆研究员、国家文物出境鉴定安徽站副站长（兼职），是著名的国画家、文物鉴定专家。石谷风先生是著名画家黄宾虹先生的学生，20世纪40年代初，石谷风先生手持黄宾虹先生的引荐信，从北平来

到济南，拜访了路大荒先生，向他学习金石考古及书画鉴定等知识，由此开始了他充满艰辛而传奇的文博生涯。

石谷风先生在他的回忆文章中写道：

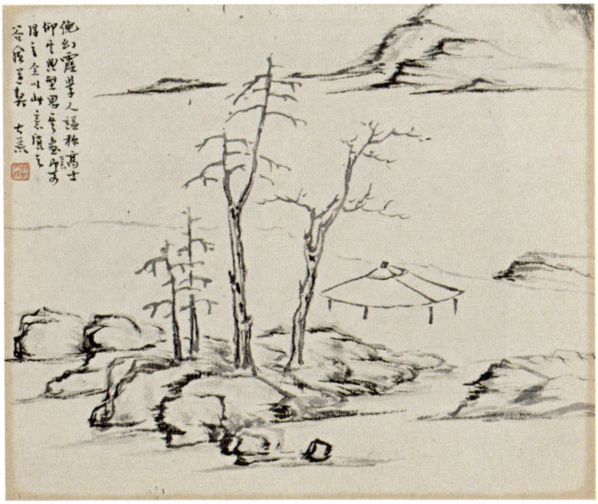

大荒先生赠给石谷风先生的画作

抗日战争初期，路先生的家产被日寇焚尽。他不愿为敌伪工作，蛰居大明湖畔秋柳园，清贫自守，艰难度日，将画室取名“大荒堂”。路先生不仅治学严谨，为人行事也刚正不阿。我敬重他的学问，更敬重他的人品。我们朝夕相处，谈书论画，切磋技艺，可谓莫逆之交。那时我经常来到位于大明湖畔秋柳园一座小楼即路大荒先生的住处请教。这里是清代著名诗人王渔洋的故居，书房窗外就是大明湖，环境幽雅。我们虽然生活清苦，但常常以书画自娱，一起读书作画，一起讨论金石考古。许多在实践中遇到的难题，都是在请教和讨论中豁然开朗，使我终生有用。通过路大荒先生，还陆续结识了当地的老书画家刘大同（号芝叟）、王讷（字墨仙）、关际颐（字友声）、黑元吉（字伯龙）、弭菊田等。每逢周日，我还与他们一道去大明湖心的一个小岛——历下亭中聚会。那里花木成荫、优雅僻静，为历代文人骚客青睐的一处名亭。亭上有唐代诗人杜甫撰写的名联：海右此亭古，济南名士多。历代大家赵孟頫、王渔洋、何绍基等都曾在此留下过诗词字画。我与王献唐、路大荒

石谷风先生与大荒先生合画的扇面

及济南诸多书画家在此品茗读艺，乐此不疲。

石谷风先生充满感情地写道：济南八年，是我文物鉴定中实习提高的八年，是理论联系实际的八年，也是不断积累经验充实提高的八年。至今我对济南仍怀有深厚的感情，对帮助指导我进步的王献唐、路大荒诸前辈充满着思念之情。

20 世纪 50 年代初，已在安徽省工作的石先生请假回济南处理藏品。应山东省文管会主任王献唐先生的请求，石先生将多年来在山东搜集的书画、文物悉数捐给了山东省的有关机构，包括省文管会、齐鲁大学、省图书馆等。在济南的老朋友闻讯都来看望石先生。王献唐、路大荒、黑伯龙、李苦禅、关友声、吴天墀、王讷、劳福泉、谢天民、张海清等各位先生挥笔作画，集一册页，大荒先生封面题签“济上艺林玉屑”。

《济上艺林玉屑》册页书影

新中国成立后，石先生任职安徽省博物馆馆长，成

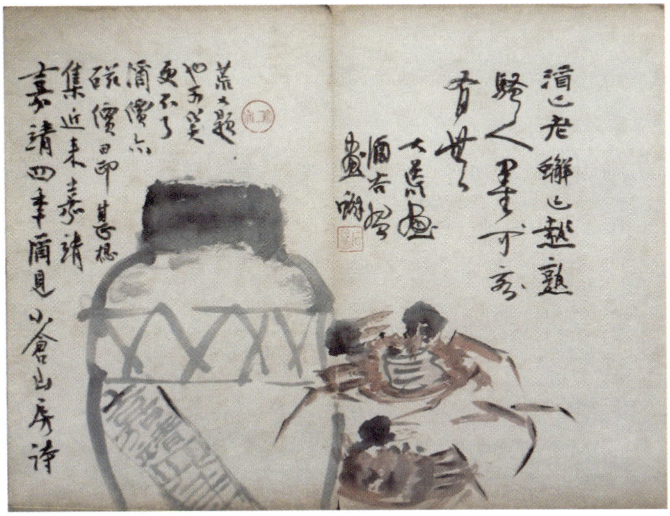

石谷风先生与大荒先生合画《醉蟹图》

为著名的博物馆学专家。他在回忆录上讲了这样一个故事：

1967年夏，已是“文革”时期。我作为领队，带领安徽博物馆十几位青年讲解员去北京故宫博物院进修学习。车行至济南郊区，我忽然想起路先生，便对同行说，我在此下车，看望一位老朋友，明天赶到北京。

我走进曲水亭畔一个小杂院内，向一位妇女打听路先生。妇人未语，用蒲扇指向西房。我环顾西房，唯见一戴红袖章青年坐在外屋，再向屋里望去，见路先生面壁而卧。我叫了一声，他翻身坐起，怒气满面，歪着胡子瞪着眼说：“哪里来的？我不认识你。”不容我开口，他连用蒲扇打我的头和肩：“走，走，我要睡觉。”我默默退出，悻悻走出大门，一边走，一边想，我们有八载之交，为何如此翻脸不认人呢？

火车站人极多，我越窗爬进北进的列车。车上人声鼎沸，都在议论着“文革”中的趣闻轶事。我周围的人相互传播着济南的小道新闻，我伺机问了一声路大荒的情况，对面一个乘客“哦”了一声道：“他是反动学术权威，家被抄，多次挨斗，现在正押着他交代黑帮活动呢。因为他，不少人受株连。”听罢，我似凉水浇背，耳边想起了路先生的“怒斥”之言，终于猛省：原来我是自投罗网，真亏路先生相救，好险啊！

1972年，路先生不幸去世。1980年10月，山东省文化局在济南英雄山革命公墓礼堂为先生举行追悼会，冤案终于昭雪。我因在北京筹办安徽文房四宝展览，未能前往，只发了唁电，深表哀思。作为路先生的崇拜者，我对他能得以平反感到高兴，想路先生也该瞑目于九泉之下了。

20世纪80年代石谷风先生赠予我哥哥的《葡萄松鼠图》

80年代中期，我哥哥因公出差到安徽合肥，受我父亲、母亲的嘱托，前去看望了时在安徽省博物馆工作的石先生。按照辈分，我哥哥称他为“石伯伯”。当时石伯伯住在安徽省博物馆一个四合院的宿舍里，看到我哥哥前去拜访，身材高大、性情豪爽的石伯伯非常高兴，在家里举行了欢迎晚宴。石伯伯高兴地对他的孩子说：“你们看，这就叫世交！大荒先生的孙子还能千里迢迢地来看望我。希望我们两家能够世世代代交往下去。”乘着酒兴，石伯伯挥毫泼墨，画一幅《松鼠葡萄图》赠给我哥哥，上面写道："壬戌初夏，方向贤侄过合肥，畅谈历下艺林，乘兴写此，作为存念。石谷风，时客淝上杏花村。"

改革开放以来，石先生写了一系列的回忆和纪念文章，回忆了大荒先生在蒲氏研究、山东考古等方面做出的突出贡献，纪念他们之间真挚的友谊。

十六、魏启后：著名书法家，患难见真情

魏启后先生

魏启后（1920—2009），早年就读于北京辅仁大学中文系，课余兼习书法，受教于溥心畬、溥雪斋、启功诸先生，受益良多。后从事金融工作，公余之暇多与书界交游，广结墨缘，以书画自娱。曾任中国书协理事、山东书协名誉主席等职。

大荒先生年长魏先生二十余岁，他们既是忘年交，又是共同经历风雨的挚友。我从大荒先生仅存的资料来看，最早魏启后先生送给大荒先生的书画是1960年画的柳泉故里及题诗一首。在诗中魏先生写道：

柳村买酒何处春风，小院烧鱼冷眼来观。
风月村姑脱了凡俗，双鬟土语挑水呼人。
让路不已我自缓缓，踏花青眼如狐似鬼。
庚子八月廿九日写柳泉居里，次晨并揽得句，因题前幅，与大荒老先生从笑。魏启后。

1960 年魏启后先生画《柳泉故里图》赠大荒先生

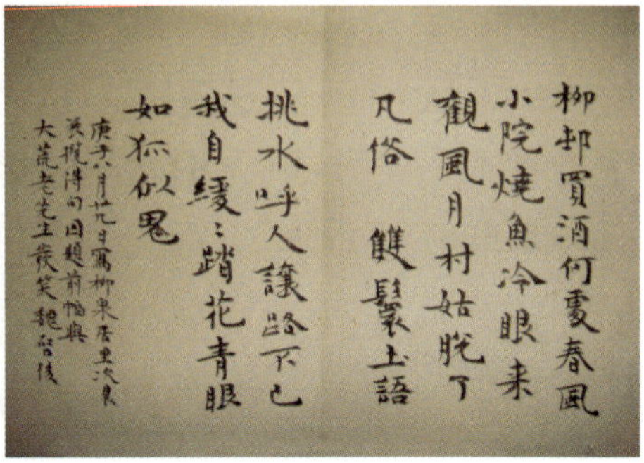

魏启后先生赠大荒先生诗

时间一转眼到了 1967 年。魏先生作为已打倒的“右派”“牛鬼蛇神”，“造反派”对他已不感兴趣，所以魏先生经常在大荒先生家出现。他们在一起谈论书法、字画，只有这样，他们才能暂时忘却现实中的压力和种种不快。魏先生是属于那种在恶劣的政治环境中能够较好调整心态的学者，并且很健谈，他的到来总是给大荒先生家带来轻松的气氛。在交谈中，不知不觉，时间总是过得很快，到吃饭的时间了，奶奶会说，没什么准备的，在家一起吃饭吧。那些日子里，虽然粗茶淡饭，人们的感情却是真挚的。

魏先生在“文革”中受冲击比较大，收入急剧下滑，再加之子女较多，又都是正在长身体的时候，生活较为拮据。但魏先生这一代文人，是轻易不会为柴米油盐而折腰，也不会轻易张口求人的。他们骨子里的文人风范与现实困境的矛盾深深地折磨着他们的心灵。大荒先生作为魏先生的好友，能够深刻体谅到魏先生的难处。虽然大荒先生在“文革”中也受到了很大冲击，作为“资产阶级学术权威”，工资扣发了很多。但因为家庭人口较少，负担较轻，日子相对好过些。大荒先生经常在魏先生来访告辞时，不经意间给魏先生捎上粮票及其他生活用品，并且没有任何寒暄之词。当时我们年少，不懂得为什么要这样做。及至我们成年了，和哥哥谈及此事，我才悟出爷爷这是既要帮助魏先生，又要保持他文人的尊严啊。

魏先生的小儿子魏宝乐先生回忆，在大荒先生去世不久的一天下午，一位中年男子来到他家。这位先生就是我的父亲。他到魏先生家是遵照大荒先生的嘱咐，将大荒先生使用收藏的一方砚台送给魏先生的。据魏先生家人考证，这方砚台是清朝康熙年间雪邨居士之砚台，它造型古朴，其背面刻满了铭文，上面写道："西洞第三层，砉然一片泐。鲸鳌不敢抱，乃为文士得。发硎者其才，抱璞者其德。细腻纹入理，不在声与色。岩流何泠泠，忽响几席侧。供君泼淋漓，是谓刚柔克。癸卯十月既望　雪邨居士。"这方砚台一直由魏先生家人珍藏着，它见证着两位先生真挚的友谊。

20世纪90年代，我哥哥受朋友之托，想请魏先生鉴定一下一幅署名魏先生的书法。这是我哥哥第一次登门拜访魏先生。待我哥哥敲开门后，魏先生家人客气地说："老人正在休息，不便见客。"我哥哥犹豫了一下说："您说是路大荒的孙子登门拜访，好吗？"话音未落，只听屋里魏先生大声说道："路老的孙子来了。快进！快进！"说罢。魏先生亲自迎到了门口，请我哥哥在客厅里落座。魏先生热情地招待了哥哥，急切地询问了这些年我家里的情

大荒先生去世后，其儿子遵父亲遗嘱赠予魏启后先生的古砚台

况，并回忆起“文革”初期在曲水亭的那些日子，还关切地询问我家文物抄家后归还的情况。

魏先生还清楚地记得“造反派”抄家前夕，他正在我爷爷家聊天。这时社会上已经传扬着抄家的消息。在魏先生的帮助下，我奶奶将几件古玉埋在了门旁的过道里。待抄家风波过去以后，经过多次寻找，也没有找到埋下的东西，估计奶奶埋得太浅，被“造反派”发现，早已起获了。这虽然只是那个年代的一个小插曲，但也折射了魏先生与大荒先生真挚的友谊。

近年来，山东省加大了重点文物保护的工作。第四批文物保护单位的确立工作又要开始了。山东省名人故居的确立工作也在进行着。大荒先生秋柳园故居拆迁时，就受到了专家学者及媒体的高度关注。此次许多文化、考古领域的专家在各种有关场合呼吁应该对大荒先生曲水亭故居予以保留。魏先生虽然年事已高，但对他忘年好友故居的保护非常关注。他亲自写信给时任济南市分管文化的王良副市长，恳切希望能够保留路大荒故居。在党和政府的重视下，在魏先生等专家学者的呼吁下，2012 年，山东省通过了第四批文物保护单位，并于 2013 年 10 月正式挂牌。这也是魏先生生前为大荒先生这位好友做的最后一件事。

十七、严薇青：古典文学专家，蒲学研究志同道合

严薇青（1911—1997），山东济南人，山东师范大学中文系教授，中国古典文学研究专家。严教授长期从事中国古典文学教学和研究，特别致力于刘鹗及其《老残游记》的研究，在《聊斋志异》的研究上也做出了独特的贡献。他发表的《聊斋俚曲中的山东方言词语和歇后语》，将文学文本的语言学研究与文学史研究结合起来，体现出严教授的现代意识和超前眼光，

在文学研究上具有方法论的意义。

我小时候就经常听家人谈起严薇青教授，也知道在我爷爷去世后，严教授仍与我父亲有着来往。我整理我父亲留下的一些资料，发现严教授曾在 1987 年发表一篇《记路大荒先生》的文章，从文章上可以了解到，他与大荒先生的交往是从蒲学研究开始的。也是从严教授的这篇文章里，我们可以看到两位先生蒲学研究中的往来与深厚友谊。

严教授在文章中写道：

济南日报

记路大荒先生

马蹄上的药

吴亮批评莫言的《欢乐

1987 年严薇青教授在报纸上发表的《记路大荒先生》

我知道路大荒先生的名字，是在三十年代看到上海世界书局出版的《聊斋全集》的时候。当时我在外地读书，只知道他和赵苕狂是这部书的编辑人，此外就一无所知了。后来我买到一个日本商人马场春吉写的《蒲松龄与〈聊斋志异〉》和日本东京文求堂出版、由路先生注释的《磨难曲》，以后才知道路大荒先生字笠生，是寄居济南的山东淄川人，以及他在研究蒲松龄方面所作的重大贡献。

一九五二年，在余修同志的号召和省文化局、省文联的主持下，成立了“蒲松龄著作编辑委员会”，我才有机会认识了路先生。之后，我到济南城里曲水亭畔路先生的寓所里拜访过他；邀请他到山东师范学院中文系讲过蒲松龄研究的学术报告，开始有了交往。我们还在一起讨论过天津某报社排印本《闺艳琴声》是否就是蒲松龄的《琴瑟乐》。一九五三年我从北京了解蒲氏著作版本情况回济，带回中央民族学院贾敬颜先生收藏的蒲松龄手写的册页，请他鉴定真伪等等。对于这些问题，路先生都有精辟的意见和论断。

路先生比我大十几岁，我以对待前辈的礼貌和敬意对待路先生，但他丝毫不以前辈自居，总是那样谦退虚己，深自逊抑，有时还讲一些富有风趣的笑话，使人感到面前是一位平易近人的蔼然长者。但是抗战初期，他严词拒绝日伪政府的威胁利诱，大义凛然，毫不妥协，以后参加了抗日组织，他又是一个不畏强暴、坚持民族气节的战士。这些高贵品质，都是值得我们学习的。

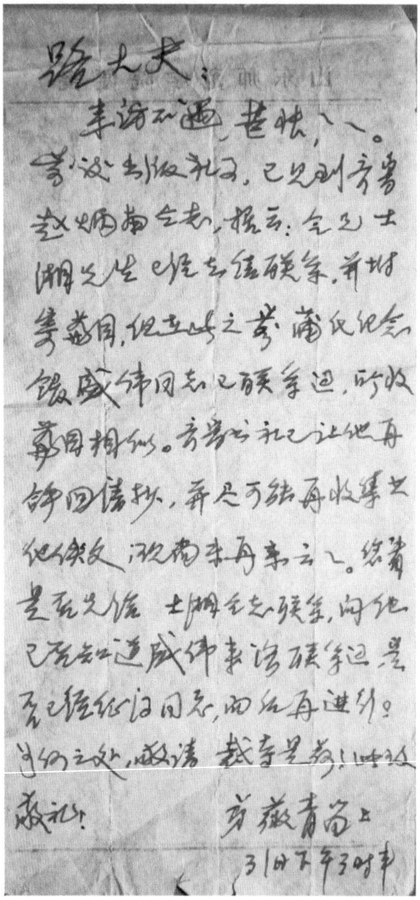

严薇青教授给大荒先生儿子的便笺

路先生不仅长于书画（蒲松龄故居的隶书“聊斋”匾额就是他题写的），而且对鉴定古籍版本、书画、文物都有渊博的知识和深邃的造诣，所以一直在省博物馆和省图书馆工作。不过他一生用力最勤、成绩最大的，还是他编辑成书的《聊斋全集》（解放后重修订正出版，改名《蒲松龄集》）。一九三六年上海书局出版的《聊斋全集》，虽然有两个编辑人列名，实际上是出于路先生一人之手。另外一个编辑人赵苕狂是世界书局的编辑，由书局硬加上去的。赵苕狂在所写的序文中也承认此集之成得以刊行于世，实以路笠生先生之力为多。在当时研究蒲松龄资料奇缺的情况下，路先生从蒲氏的诗、文、词、赋到俚曲，做了广泛收集和精心校订的大量工作，付出的劳动是十分可观的。《全集》还附录了路先生编写的《蒲松龄年谱》，帮助读者进一步了解蒲氏的生平。这种艰苦的创造，为后人开辟研究道路和提供资料的业绩，将永远为后人所称颂。

蒲松龄故居的整修也是出于路先生的倡导和奔走。这和编辑出版《聊斋全集》一样，亦是一项从无到有的巨大工程。到现在，蒲氏故居和纪念馆收集到蒲氏遗物、手稿、《聊斋志异》的各种中外文版本，以及各方面的介绍、题咏，可以说是丰富多彩。取得今天这样的成绩，固然是由于党和政府的重视、各方面的大力支持和工作同志的积极努力，但是我们不能忘记路先生是最初的创始人。

李士钊同志修订的《蒲松龄年谱》后面，收了路先生有关研究蒲松龄的论文十篇；路先生生前还藏有蒲氏手稿多种以及和国内外学者有关研究蒲氏著作的通信。我们希望能整理出版、发表，为今后进一步开展研究工作，提供更多的资料。

路先生因受“四人帮”极“左”路线的迫害，不幸逝世。

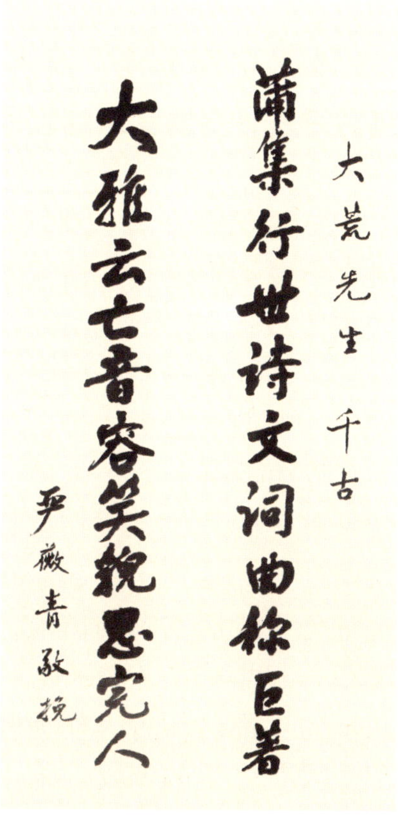

严薇青教授为大荒先生写的挽联

假如今天仍然健在，我们相信他对蒲松龄的深入研究，一定会作出新的杰出的贡献。

大荒先生去世后，我父亲仍然与严先生保持着许多联系。大荒先生在20世纪60年代《蒲松龄集》出版后，又搜集整理了一部分尚未出版的蒲氏佚文。在大荒先生《蒲松龄年谱》再版以及这部分蒲氏佚文出版过程中，严先生都做了大量的工作。他与齐鲁书社赵炳南先生多次沟通联系，至今我家还保留着严先生与我父亲的书信来往。作为大荒先生的好友及蒲学研究的同道，他尽量实现着大荒先生的遗愿，使他的心血得以再版及出版。

十八、关友声、黑伯龙、弭菊田、岳祥书、张彦青：书画界好友，齐鲁画派的领导者

20世纪，齐鲁大地上出现了一批优秀的画家，他们于翰墨之中浸染毕生，造诣深厚，建树丰硕。他们在各自的艺术实践中，或尚韵，或尚法，或尚意，或尚趣，风格各异，气象万千，却底蕴深厚，风骨傲立，各领一代风气。他们的道德操守一如他们的艺术才华，令后人敬仰赞佩。这些画家中，不乏大荒先生的好友，关友声、黑伯龙、弭菊田、岳祥书、张彦青就是其中的几位。早在抗日战争初期，他们中年长的几位就因共同的爱好走到了一起。在美丽的大明湖湖心亭上，在秋柳园大荒先生故居临湖的窗前，都留下了他们的身影。诸位先生经常在一起品茗谈艺，乐此不疲。光阴荏苒，大半个世纪过去了，几位先生都已作古。作为晚辈，非常遗憾的是，我只知道他们都是大荒先生的挚友，但手头掌握的材料着实很少，只能在此依据有限的材料介绍他们与大荒先生的友谊。

关友声（1906—1970），原名关际颐，字友声，出身于盐商

关友声先生赠大荒先生山水画

家庭，家境颇殷实。14 岁时方从长兄关际泰（为济南著名书画家）认真学画。从临摹古人书画入手，初师“元四家”（黄公望、吴镇、倪瓒、王蒙）和戴进诸名家笔法，又追溯马远、夏圭、李唐，广搜博采，以充实自己。1928 年，关友声于山东大学国学系毕业，后又向吴秋辉学习诗词歌赋。1959 年执教于山东艺术专科学校，是我国著名美术教育家、国画家。

关先生与大荒先生年轻时即相识，关先生的儿子仍保留着当年大荒先生为关先生题写的书法作品。那是在 1945 年，大荒先生在跋语中写道：“乙酉花朝节临张迁碑似友声道兄正教淄川路大荒。”

《蒲松龄集》出版后，在国内外引起了强烈的反响。关友声先生为了庆祝新版《蒲松龄集》的问世，在大荒先生的日本朋友、画家高山超阳先生 1936 年在他的老家庭院内所画的《大荒

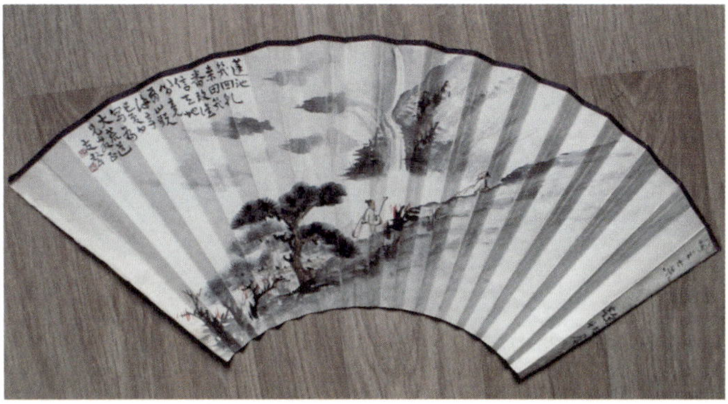

关友声先生赠大荒先生的书画成扇

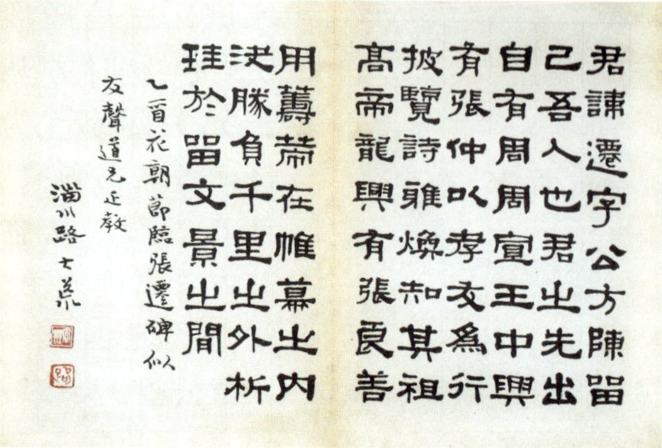

大荒先生赠关友声先生的书法作品

堂著书图》上，题了一首《忆江南》词：“淄川好，同里有柳仙，继续发扬万古传。大荒堂上金石研，悠然乐无边。明湖边，流水浇清居，回忆著书千万卷。一时代作大龙驹，不朽赖斯图。”

黑伯龙（1915—1989），回族，原名黑元吉，山东临清人，绘画启蒙于赫保真、张茂材。1936 年毕业于上海美术专科学校国画系， 受教于黄宾虹、潘天寿、刘海粟等名家。1960 年任教于山东艺术专科学校，后任教于山东艺术学院。曾任山东画院院长，擅长山水画。关友声先生与黑伯龙先生在现代齐鲁

黑伯龙赠予大荒先生的人物册页

山水画派中，并称“关黑”。

黑先生与大荒先生友谊甚笃，他们早年即在济南相识。1940年夏，黑先生送给大荒先生一幅《采莲图》。图中采用了唐朝王昌龄的七言绝句《采莲曲》：

荷叶罗裙一色裁，
芙蓉向脸两边开。
乱入池中看不见，
闻歌始觉有人来。

庚辰之夏，师张大千先生，瀍于稷门，以应大荒先生大雅之属。伯龙。

那年黑先生才25岁。

1940年黑伯龙先生赠大荒先生的《采莲图》

新中国成立后，他们两人又同为山东省政协委员，共同为山东省国画界的发展壮大献计献策，共同在政协会议上提起提案，建议省政府加强对国画工作者的领导，成立国画院，集中研究国画、书法，发挥为政府、经济服务作用，使祖国优秀传统得到更大发展。虽然当时受到条件的限制，没有财力立即成立山东省国画院。但到了20世纪80年代，山东省国画院正式成立，黑先生并担任了国画院的院长，为山东省的国画艺术做出了应有的贡献。

“文革”时期，黑先生与大荒先生受到了不同程度的冲击。即使这样，他们也是默默地惦记着对方。1972年6月6日，大荒先生不幸去世，因处于“文革”特殊时期，人人自危，几

黑伯龙先生赠大荒先生的《泰山松图》

乎没有人前来吊唁。我记得那日傍晚前后，一位奶奶在一位年轻人的陪伴下前来吊唁，我爸爸急忙迎上前去，原来是黑先生的夫人在儿子的陪伴下来看望我奶奶。黑奶奶讲：“黑先生不方便来，不管怎样，我都要替他送大荒先生一程。”我记得我奶奶和黑奶奶双手紧握，很长时间说不出话来。这就是人间的“患难见真情”吧！

弭菊田先生为大荒先生篆刻的印章及边款

弭菊田（1914—2000），原名育咸，号秋景斋、梧雨楼，晚号菊翁，山东济南人。自幼酷爱绘画，早年毕业于北平美术专科学校，1946年应聘为南华学院美术系教授，后从事专业创作，曾任济南国画院院长。弭先生与大荒先生亦是早年即相识，新中国成立后仍然往来甚密。1960年，弭先生画《岱岳一角》赠大荒先生。弭先生曾为大荒先生篆刻

1960年弭菊田先生画《岱岳一角》赠大荒先生

一图章:“大荒手校。”边款:“大荒先生方家正篆　菊田刊。”这方印章出现在许多大荒先生的文稿中。

岳祥书（1913—1979），字瑞麟，号祥书、木鱼子，曾用名湘絮、乡蔬、鸿祥、翔舒、松风斋主，别署洗我轩、伴蛩居、槐荫画室、大吉堂、泉韵轩。河南开封人，18岁迁居山东，定居济南。岳先生绘画领域涉猎广博，中、西绘画皆通。我不知道岳祥书先生与大荒先生是何时相识的，但从留下的资料中得知，

岳祥书先生为大荒先生画《明湖泛舟图》

岳祥书先生赠大荒先生的花鸟画

他们之间有着很多的联系。当大荒先生《蒲松龄集》出版后，岳先生多次提笔作画祝贺，热情洋溢，可见一斑。

张彦青（1918—2007），山东临清人，原名焕，字剑进，号抚愠斋主。1943 年毕业于北平辅仁大学美术系。1946 年又毕业于重庆中央大学。曾任山东艺术学院教授，是著名山水画家和学者。

1956 年张彦青先生画《大荒先生访岱图》

张先生与大荒先生的友谊是从新中国成立后开始的。1956 年春，张先生在山东省文管会工作期间，接到上级指示，参加蒲松龄故居的筹建工作。他的任务是协助大荒先生搜集有关蒲松龄先生的文物，并搞好纪念馆的扩建和展品艺术上的陈列布置等工作。在蒲松龄故居筹建的过程中，张先生与大荒先生组织发动群众收集蒲氏文物、各种抄本，并进行故居内的布置等。在这些繁忙的工作中，大荒先生与张先生逐渐建立起深厚的友谊，并一直持续着。大荒先生去世后，张先生与我家一直保持着联系，尤其是与我父亲非常谈得来。张先生晚年身体欠佳，我父亲作为医生，经常前去看望，他也曾经赠我父亲书画以表谢意。改革开放以来，张先生饱蘸深情，写了《忆大荒先生》等一系列的回忆文章，以深切怀念大荒先生。

十九、蒲玉水：蒲氏后裔，蒲松龄故居守护者

蒲玉水（1920—1981），山东淄川蒲家庄人，蒲松龄故居的首任管理干部。谈到蒲松龄故居的建立，蒲玉水先生功不可没。蒲松龄的爷爷兄弟四人，蒲松龄是排行老二之后，而蒲玉水先生这一支是排行老大之后。蒲松龄故居筹建之初，蒲玉水先生任淄川县所属西河、坡地、昆仑三个小学的总校长。为了蒲氏研究事业，他没有计较什么个人地位、待遇，于 1958 年奉淄博市文化局调遣，负责蒲松龄故居的管理工作，成为蒲松龄故居的首任管理干部。

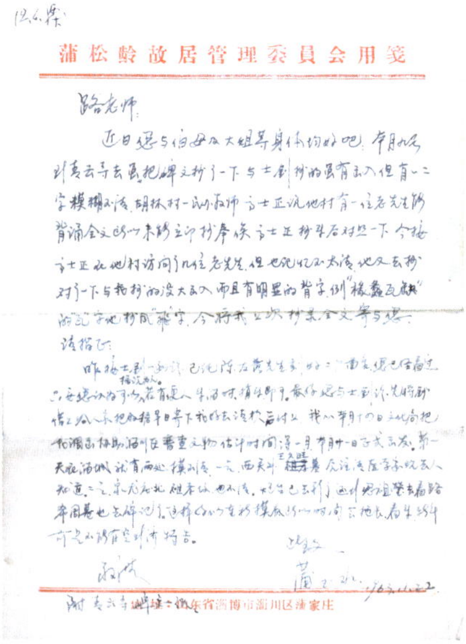
蒲松龄故居管理委员会用笺

路老师：

山东省淄博市淄川区蒲家庄

蒲玉水先生给大荒先生的来信

20 世纪 60 年代初期，老百姓生活水平还比较清贫，尤其农村地区，只能维持温饱，而蒲玉水先生视蒲松龄故居的工作是他们

20世纪60年代大荒先生与蒲玉水先生及其儿子蒲泽在大明湖合影

全家的头等大事。当时故居的管理是没有专项经费的，上面来了干部、专家，蒲先生总是在家里招待客人，倾其所能，拿出最好的饭菜给客人吃，而全家人吃菜窝窝、稀粥度日而毫无怨言。故居的日常维护、清扫工作，蒲先生全家都尽力去做，从未向组织上提半点要求。

自担任蒲松龄故居首任管理干部以来，蒲玉水先生恪尽职守。在与大荒先生多年的交往中，逐渐成为蒲学研究的好同道、好朋友。20世纪60年代，蒲玉水先生携儿子蒲泽到济南看望大荒先生时，大荒先生邀请二人游览大明湖，并特意请摄影师为他们合影留念。至今蒲玉水先生家人仍珍藏着当年蒲先生与大荒先生的往来信札。通过信札，人们可以看到两人在蒲松龄故居建设、蒲氏著作收集及研究中诸多鲜为人知的细节。得悉蒲玉水先生后人有望在不久的将来在回忆文章中将这些信札公之于众，我倍感欣慰，亦充满期待。

蒲玉水先生在蒲氏故居长期工作中，对蒲松龄的研究产生了浓厚的兴趣，并做出了很大贡献。1964年，他发现了蒲松龄先生撰写的《重修三圣祠碑》，立即汇报给大荒先生，并就碑文的真伪、文字的确认等问题多次请教大荒先生。李士钊先生于1963年在淄川深山古刹中觅得蒲松龄先生撰写的《青云寺重修二殿记》。由于庙碑年代久远，有几个字模糊不清，蒲玉水先生不辞劳苦，到青云寺认真抄写碑文。当听说胡林村有一位老先生能够背诵此碑文，又亲自拜访这位老先生，并将他背诵的碑文与自己抄写的碑文校对后，一并呈给大荒先生。正是这种认真执着的精神，使蒲玉水先生逐渐成长为蒲氏研究的资深专家。

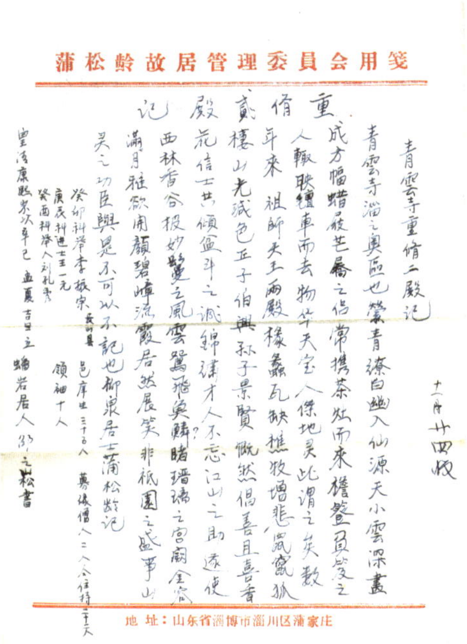
蒲松龄故居管理委员会用笺

青雲寺重修二殿記

地 址：山东省淄博市淄川区蒲家庄

蒲玉水先生手抄发现的蒲松龄撰写的《青云寺重修二殿记》碑文

“文革”中，蒲玉水先生为了保护文物，恪尽职守，甚至不顾个人安危。当时，“破四旧”的浪潮冲击了蒲家庄，“红卫兵”查封了蒲松龄故居，他被撵出来，只好回文化局暂住。后来“红卫兵”又把矛头指向蒲松龄墓园，不仅砸毁了清雍正三年张元撰文的《柳泉蒲先生墓表》石碑及 1954 年新建的碑亭，而且还挖掘了蒲松龄墓，使沉睡在地下二百多年的一代文豪暴尸墓外，其随葬品被洗劫一空。蒲玉水先生得知后，心情十分沉重，冒着被揪斗的危险，从百里之外的崮山赶回蒲家庄。他一进村庄，立即深入群众调查了解情况，并摸清出土文物的下落。然后逐一登门，耐心动员。经过他苦口婆心的工作，终于将墓里挖出的四枚印章及旱烟袋、锡酒壶、酒杯、铜镜、香炉、灯台等如数收回。20 世纪 70 年代，我的父亲回老家一并看望蒲玉水先生。蒲玉水先生小心翼翼地拿出他如数收回的蒲松龄印章等珍贵文物，让我父亲一一过目，并表示一定将这些文物保护好，绝不能出现半点闪失。蒲玉水先生说到了，也做到了。这些文物现在都静静

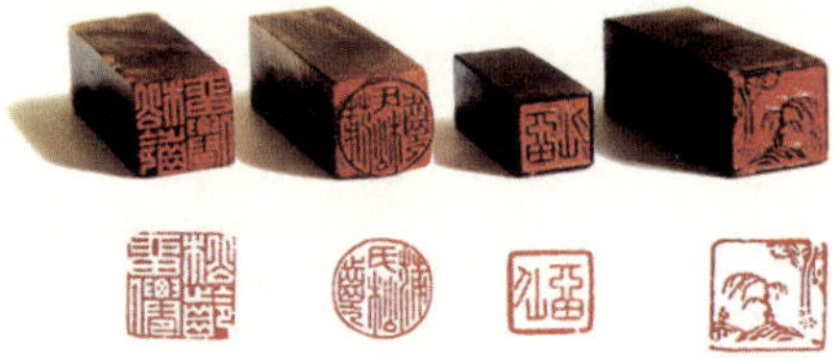

蒲松龄先生寿山石印章、印文

地存放在蒲松龄故居，是十分珍贵的国家级文物。其中蒲松龄先生的四枚寿山石印章已被定为国家一级文物。

二十、李森文：教书育人，共同整理乡邦文献

李森文先生

李森文，字柏人，1919 年出生于博山西冶街。1944 年毕业于北京辅仁大学国学系，受教于陈垣、余季豫、孙人和、顾随诸先生。《赵执信年谱》是李先生此时的学士学位毕业论文。先生毕业后曾回家乡创办博山县立简易师范学校，并自任校长。该校址坐落在原博山县文庙内，校门迎面校牌上书隶书“博山简易师范”，即李森文先生所书。后博山简易师范与他校合并成立洪凡中学，李先生在济南五中任教，直至退休。

李森文先生与大荒先生是淄博老乡，青年时都有志于教育救国，且都具有强烈的爱国情操。清朝末年淄川爆发的刘德培起义运动，都给二人留下了不可磨灭的印象。新中国成立后，两位均在济南工作时，萌发了将这一运动记录下来的想法。两位先生合著的《刘德培》一书于 1958 年 6 月由山东人民出版社出版。此书热情讴歌了清朝同治年间这次农民起义，记述了起义领袖刘德培等人反对清王朝统治的英雄业绩。淄博市京剧团曾根据此书改编上演了《刘德培起义》一剧，受到了广大群

清末刘德培起义版画

众的热烈欢迎与赞赏。大荒先生与森文先生的友谊一直持续到“文革”。当“文革”暴风骤雨式的动乱开始后，两人便失去了联系。

记得我在1968年所谓“复课闹革命”浪潮中，按照当时“就近入学”的原则，到济南五中读书。济南五中前身是美国人办的齐鲁中学，老教师大都毕业于名校，所以五中的“牛棚”也

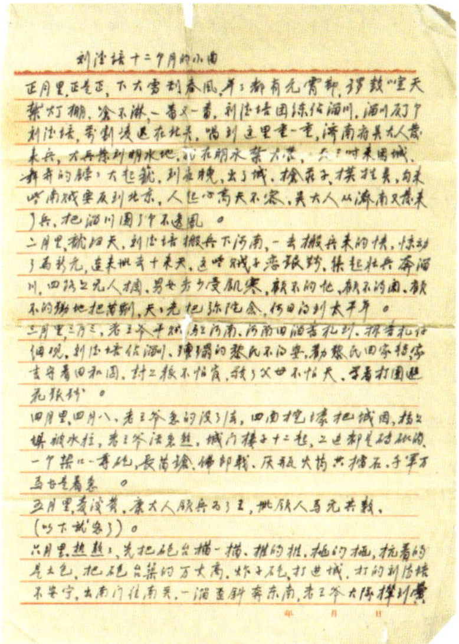

刘浍培十二个月的小曲

大荒先生搜集的《刘德培十二个月小曲》

《刘德培》书影

是在当时济南教育界非常知名的，所谓“牛鬼蛇神”特别多。那时爷爷虽然经过多次批斗，已卧病再床，但知道我已进五中读书，还是叮嘱我一定替他打听一下李森文先生的下落。于是我在学校里悄悄地打听着，朝着一个个“牛棚”的窗户张望着，几经周折，终于在一间改造成“牛棚”的教室窗户外看到了关在里面的李森文老师。虽然我知道他就是李老师，但他已经不能教我了，我甚至连打一声招呼的条件也没有。我就这样默默地看着李老师被“红卫兵”呵斥着、打骂着。回到家，我不忍心告诉爷爷实情，只是轻轻地回答道：“李老师关‘牛棚’了。”爷爷什么也没说，只是深深地叹了一口气。

李森文先生后来终于迎来了“文革”的终结。他在20世纪80年代发表了一系列文章：《明代诗人殷士儋》《清代女诗人赵慈》《易俗社——济南最早的一个京剧研究社》《赵执信著作考》《赵执信年谱》等，并于1980年9月在《新华文摘》上发表了题为《开路拓荒，潜心治学——蒲松龄研究专家路大荒》一文，对大荒先生进行了详细的介绍，并以此文纪念他与大荒先生之间真挚的友谊。

二十一、郑作桢：不应埋没的著名篆刻家

郑作桢（1895—1962），字幹丞，山东齐东县（现属邹平）九户乡大正村人。郑作桢先生借张养浩“齐东野人”而自号，天趣巧成。郑作桢对“蕉”情有独钟，斋曰“蕉雨山房”。“大幹”“老幹”亦是郑先生常属的名号。

郑先生自山东省立第一中学毕业后，入国立北京政法大学。1921年，未及卒业，经文官考试，供职于山东省财政厅。新中国成立后，郑先生任职于山东省古代文物管理委员会，后任山东省博物馆陈列组副组长、山东省历史学会委员。郑作桢书

刻并擅，以魏碑与篆书成就最大。金棻所书的趵突泉泺源堂楹联“云雾润蒸华不注，波涛声震大明湖”广为人知，而隶书匾额“泺源堂”（未署名款）出自郑作桢手笔却鲜为人知。

郑作桢印有书味，20 世纪 30 年代，郑作桢书、印已负盛名。郑作桢曾为毛泽东、朱德治印。这是 1950 年受山东省人民政府委托所作。钤有郑作桢为毛泽东、朱德所治印的印谱，曾由郑作桢侄子保存。历史上既为毛泽东、朱德治过印，也为蒋介石刻过章的为数不多，山东只有郑作桢。

郑先生与大荒先生相识甚久，他们的交往从 20 世纪 30 年代就开始了。1948 年，郑作桢先生与王献唐、王统照、郑亦桥、路大荒诸先生共同从事新中国的文化事业。50 年代郑先生与大荒先生同在山东省古代文物管理委员会工作，且同室办公，两人关系尤为相契。郑先生给大荒先生治印，大荒先生赠郑先生书画折扇，一把画梅花，一把写隶书。我儿时在曲水亭街这个小院里，经常看到郑先生的身影，当我长大成人后，当我的父辈谈起爷爷

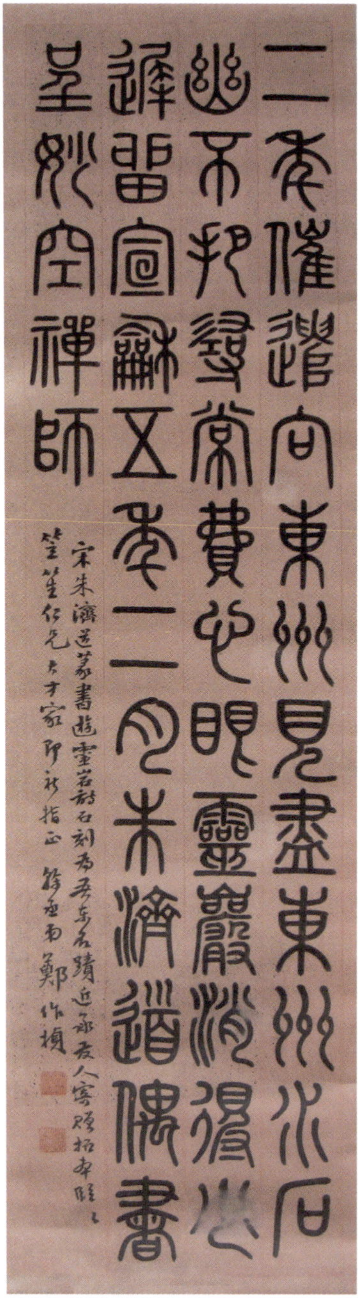

郑作桢先生赠大荒先生书法

“大荒烬余”印章及边款

那一辈的事情时，“郑幹丞”这个名字也是他们经常提起的。

郑先生善篆刻，他给大荒先生篆刻了许多名章和闲章。他还喜欢在边款上抒发自己的情感，刻上当时的心情，或记录一段情景，这使得我在半个多世纪后还能从这些边款上读到这些前辈的故事。在1938年“大荒烬余”方章边款中郑先生写道：

大荒道兄富收藏，今春遇兵燹，付之一炬，顷来历下，搜辑不怠，属作此以为之劫余之征。

戊寅冬至日，大雪不得出门，对酒操刀，神怡心旷，不虞指之受创也。幹呵冻记。

在1943年“淄川路大荒藏书”章边款上刻：

大荒道兄藏书极富，丁丑之夏，付之一炬，自戊寅岁，客寓稷门，昕夕搜罗，亦颇有所获，属刻此章，以志余痛。幹丞刻。

1943年郑作桢先生为大荒先生篆刻“淄川路大荒藏书”印章及边款

这两段边款将大荒先生在淄川老家被日寇烧毁藏书及又不屈不挠搜集书籍的情景淋漓尽致地记录下来，其中“大荒烬余”这方印章深得大荒先生的喜爱，在他许多早年收藏的字画上，都钤有这枚印章。

郑先生在描述大荒先生执着于金石图籍收藏研究的两段边款中写道：“古人云‘一身之外无

“路大荒汉般阳人”印章及边款

长物’，喻其贫也，大荒道兄不善治生而搜罗金石图籍甚富，治此章以为鉴藏长物之用。大荒可谓不贫矣。丙戌重阳节日，幹丞并识。”“大荒道兄与余同岁生也，画笔清妙，诗亦天成，偶涉笔，逸趣横生，今届知命之年，誓杜门谢客，专致力于诗画，属治此印以自勉焉。昔甲申清明节日，踏青归来，率意成之，工拙不计。幹丞刻并记。”

大荒先生的故乡淄川古称“般阳”，郑先生在“路大荒汉般阳人”图章边款中写道：“淄川古名般阳，大荒兄之故乡也，属治此章，以示不忘所自。辛巳腊八日。幹丞作于历下寄寓。”

“大荒山人”印章及边款

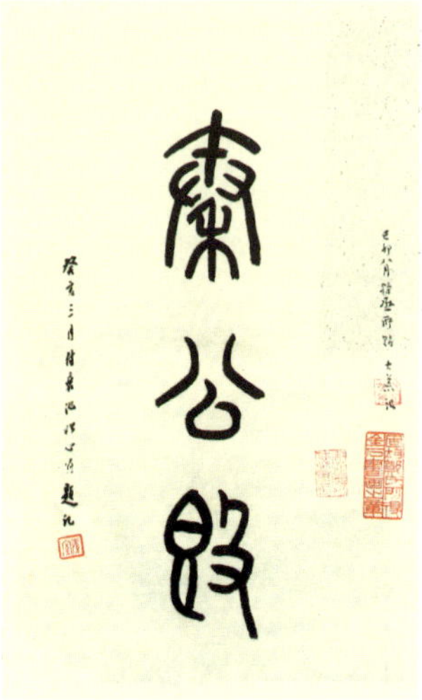

郑先生赠大荒先生《秦公簋》拓本

有时，郑先生也会将他篆刻时的小意外刻在边款上，例如他在“大荒山人”边款上这样记载着：“齐东种蕉农夫郑老榦刊于蕉雨山房壬午上元前夕灯下，作此手指受创，亦流血之纪念也。”我每读到此，郑先生灯下为大荒先生治印的情景如在目前。

郑先生不但书刻并擅，手亦极巧。后来听我父亲讲起，大荒先生收藏古玩、紫砂壶、佛像等的小木盒上，许多都是郑先生篆刻上的文字和爷爷的名款。郑先生经常一边与大荒先生交谈着，一边在木盒上刻着，一会儿工夫，篆刻就完成了。经过“文革”动乱，大荒先生许多珍贵的藏品都遗失了，但几个侥幸留下的木盒还在诉说着昔日两位文人的故事。

山东省文化局原局长王统照先生是大荒先生的好友。王统照先生墓在济南金牛山，墓碑为1957年山东省文化局所立，墓表系郑作桢先生作隶书（未署名款），迄今尚在。郑先生所书王统照墓表，志铭309字，横写、分段、标点，与王统照现代作家、诗人身份相合，叹为观止。近年，“王统照墓”已列入山东省文物保护单位。

郑先生素有藏书癖，蕉雨山房所藏多善本。郑先生病故后，其子郑士焜遵父嘱，将古籍善本千余册捐献于山东省博物馆，捐献物品中并没有郑作桢自己的书法篆刻作品，令人钦佩。至今，山东省博物馆的藏品中仍然没有郑作桢的作品，山东省博物馆原馆长鲁文生先生曾经讲过：“郑作桢先生的作品值得博物馆收藏。”我也期待着，能够在山东省博物馆展品中欣赏到郑先生的作品。

尾　声

周日，我又漫步来到曲水亭街，在我的眼眸看来，它还是那么散淡、恬适、优雅、洒脱，充满一种心驰神往的沉醉。温润清澈的曲河之水波光潋滟，让青青荇草在岁月的湍流里洋溢着不朽的美丽诗行。曲水河北首，重建的曲水亭高高矗立，已故教育家徐北文先生一副对联“荷香送爽棋声韵，曲水流觞雅士情”镌刻其中。这条小街还是那么古老，似乎又是那么新潮。它似乎也商业化了，河边散放着茶社的藤椅，各种工艺品特色小店挂着五颜六色的招牌。显然，它和我们城市其他地方一样，也打上了时代前行的烙印。

20 世纪 30 年代曲水亭街吸引大荒先生的那些林立的书肆和古玩店呢？那可是大荒先生屡至济南必游此街，每访书肆必有收获之地啊。大荒先生在此街搜集了蒲松龄的《农桑经》及张笃庆的《班范肪截》等古籍；在此街的聚古斋书肆发现了一套《聊斋文集》……正因为大荒先生对此地情有独钟又无限眷恋，以至于 1951 年有机会迁居于此再也不愿离开，直至终老。五六十年代大荒先生的那些邻居呢？那时的每年大年初一，他们一定会大清早首先到大荒先生这位大学者家里拜年的……

我漫步走向大荒先生的故居，童年的印象早已不在，居住在周围的人们也面孔陌生。只是今天居住在曲水亭街的人们，同样感念这位给这里带来声誉的大学者，不忘在先生居住过的曲水亭街 8 号院子的大门上高挂“路大荒故居”的匾额。进得院来，小院已面目全非，变身为一家茶馆，只是在墙壁上依然悬挂着大荒先生的简介。我想，不该责怪这里的人们没有像模像样地设计、布置大荒先生的故居，也不该奢求这里的人们生动翔实地介绍、展示大荒先生的治学历程和学术贡献，他们能够热情地引领天南海北的访客到“路大荒故居”门前驻足，说上一句“这是聊斋学研究第一人路大荒的故居”，便足以表达对先生的礼敬了。

大荒先生从不认为自己是天才，他深知真正厚实博大的学问，必然要经过极大的努力才可获得。为此，他读书、治学、从艺从不敢懈怠，无论是默存自守，还是荣名加身，他都宠辱不惊，专心于学术，哪怕是生活窘迫甚至蒙冤受难，他也没有妥协放弃过。大荒先生是中国文化熏陶出来的纯正的人文学者，他的身上闪烁着令我们亲近的精神气息和思想光芒。正如梁漱溟所言，他“盛德不显，有功不矜”“高风亮节”“日月胸襟”。走近他，你会发现大荒先生不仅是聊斋学的拓荒者，还是中国人文学科坚持自我、兼容并蓄、阔步前行的引路人。鲁迅先生曾说过：“将来的光明，必将证明我们不但是文艺上的遗产保存者，而且也是开拓者和建设者。”用这句话来形容路大荒先生，是何等亲切呀！

曲水亭街

附录：

路大荒年谱

1895 年

农历二月十四日，出生于淄川县（现淄博市淄川区）北关乡菜园村一普通书香门第家庭之中。路大荒先生的始祖名通，自明洪武二年（1369）由河北枣强县迁徙来山东。几经辗转，至十二世祖名万才者，方迁来北关乡菜园村。高祖路希周（约1798—1884），字梦园，号蔬邨，是一位著名的中医，喜绘画。祖父路凤舞，字仪庭，嗜好书画，喜爱经书，闲时与好友书画往来。父亲路宗轼，字子瞻（1864—1926），读诗书，性质朴。全家上下二十多口和谐相处。

是年，好友、书画家、文物鉴定家金棻（字默庵，号蟫公、瓦全生）先生出生。

1896 年（1 岁）

是年，好友、清恭亲王之孙、近现代著名书画家、收藏家爱新觉罗·溥心畬先生出生。

1897 年（2 岁）

2 月 9 日，好友、著名文学家王统照先生出生。

农历八月十八日，挚友、文献学家、考古学家王献唐先生出生。

1899 年（4 岁）

农历四月初一，好友、著名书画家张大千先生出生。

1901—1907 年（6—11 岁）

在本村私塾读书，拜蒲松龄六世孙蒲国政先生为师，蒙师除循例念古籍启蒙课本外，还念诵一些蒲松龄的诗词文章和《聊斋志异》选篇或俚曲，有时也随手抄录爱好的俚曲小段，底本都是蒲先生的家藏。这引起了年幼的大荒先生对蒲学的极大兴趣，为他后来从事蒲学研究埋下了良好的种子。

1901 年（6 岁）

10 月，好友、著名文学家陶钝先生出生。

1902 年（7 岁）

3 月，好友、著名历史学家、书法家商承祚先生出生。

1905 年（10 岁）

是年，好友、《聊斋白话韵文》作者马立勋（字德亭，又名竹铭）先生出生。

1907 年（12 岁）

是年，好友、著名古钱币学家罗金章（名维良，字锦章）先生出生。

9 月，著名学者屈万里先生出生。

1909 年（14 岁）

是年，山东省图书馆建立。根据《抚部院奏山东省创建图书馆并附设金石保存所以开民智而保国粹折》《山东创建图书馆记》《山东图书馆章程》等文献记载："宣统元年，署山东提学使罗正钧，奉学部命令建设图书馆，并于馆内附设山东金石保存所。正月十三日抚宪袁据详入奏，二月二十日奉朱批学部知道钦此，三月二十日兴工，十二月十六日落成。"初建时的山东省图书馆"面东为门，门颜表曰遐园"。

是年，好友、山东著名书画家、周易研究专家陈伯鸣（字悲鸣）先生出生。

1911 年（16 岁）

6 月，淄川高等小学读书，在辛亥革命的浪潮中，大荒先生率领同学冲进城隍庙，掀毁了庙内的泥塑神像。

10 月，入淄川选举事务所任录事，由晏立庭、孙文元介绍加入了同盟会。

是年，与同乡小周瓦庄李维祜先生之长女李清顺结婚，腊月，长女路士兰出生。

是年，好友、著名古典文学专家严薇青先生出生。

1912 年（17 岁）

2 月，考入周村法政学校。

1913 年（18 岁）

是年，好友、著名书画家岳祥书先生出生。

1914 年（19 岁）

是年，在淄川南寺当小学教员。

1915 年（20 岁）

是年，好友、著名书画家黑伯龙先生出生。

1916 年（21 岁）

5 月，蔡锷将军等反对袁世凯称帝，在云南宣布讨袁并成立护国军，全国纷起响应。大荒先生到周村参加了山东讨袁（世凯）大都督吴大洲的护国军辎重营，任新编陆军司书生，直至 8 月黎元洪宣布解散该军。

10 月，好友、著名武训研究专家、作家、音乐家李士钊先生出生。

12 月，在淄川公署总务科工作，任科员。

是年，长子路士川出生。

1917 年（22 岁）

2 月，辞去陆军司书生。

3 月，在淄川师范讲习所读书。

是年，好友、山东著名书画家张彦青（字剑进，号抚愠斋主）先生出生。

是年，先生好友、中国著名文物鉴定家、书法家傅大卣先生出生。

1918 年（23 岁）

1 月，在山东地方警察传习所学习。

是年，先在张志亮（伯明）先生创立的城内南街师范学校任教员，后考入周村政法专科学校警察实习班，成绩优良，转为内务部警官学校毕业。

1919 年（24 岁）

1 月，在淄川警察所、淄川民团工作，任警察职称警佐，至年终辞职。

5 月，五四运动爆发，大荒先生带头破除迷信，劝妇女放足，剪辫子，参加各界人士集会，声援北京学生爱国运动。

1920 年（25 岁）

1 月 25 日，次子路士湘出生。

是年，好友、著名明清文学研究专家、《赵执信年谱》作者李森文先生出生。

是年，好友、蒲松龄故居首任馆长蒲玉水先生出生。

是年，好友、著名书法家、画家魏启后先生出生。

1921 年（26 岁）

是年，拜著名书画家毕柳村（先奎）先生为师，从毕先生处学得绘画、文物鉴定及书画鉴赏等学问。

1922 年（27 岁）

7 月，考入北京高等警察学校学习。

是年，最早编《聊斋先生遗集》者耿士伟（字鹤峰）先生去世，终年 84 岁。

是年，次女路士芸出生。

1923 年（28 岁）

7 月，回到淄川任民团团长

1924 年（29 岁）

大荒先生响应爱国废约运动，出入街头演说：“国势危矣，团结起来，打倒列强！铲除不平等条约，同胞们，发奋图强，有为者以若是！”

是年，三子路士汉出生。

1926 年（31 岁）

父亲路宗轼先生去世，终年 62 岁。

1927 年（32 岁）

是年，决意偃武修文，于本年辞去民团团长职务。

1929 年（34 岁）

任淄川体育场场长，后改为民众教育部主任。

是年，山东省图书馆由山东省教育厅领导，定名山东省立图书馆，王献唐先生出任馆长。

1931 年（36 岁）

是年，考入清华大学暑期体育训练班

是年，山东省立图书馆创立山东省唯一一家图书馆学专业刊物《山东省立图书馆季刊》。

1932 年（37 岁）

是年，开始撰写《蒲柳泉先生年谱》。兼任淄川中学书法教员。

1933 年（38 岁）

是年，辞去淄川中学书法教员。

是年，到章丘访书，意外发现清代泰安真合斋徐志定瓷版印行的《蒿庵闲话》下册，遂购买回济南，而后送给王献唐先生。王献唐先生 1932 年在四川买得此书上册，两相对比，书型纸色竟然相合，原属同一部书。此书为瓷版印刷书籍海内孤本，是研究中国图书史和印刷史的珍贵史料，现存国家图书馆。

1934 年（39 岁）

是年，在上海的《国闻周报》30 期发表《蒲松龄先生遗著补考》；撰写《蒲柳泉先生故乡访书日记》由北平《华北日报·图书周刊》刊登。

是年，参加国大初选，当选初选人。

是年，参加济南省民教馆讲习班学习。

是年，任过淄川戒烟所长、拒毒运动会管理员、淄川剪发放足委员会常务委员、淄川调查户口所总务主任等职。

1935 年（40 岁）

是年，被派去杭州参加暑期防空讲习班。

是年，日本山东原鲁大公司平井雅尾在淄川矿业所行医期间，走村串户，陆续搜得蒲松龄著作稿本和抄本，载之东去。这些资料现存日本庆应义塾大学，其中包括在中国从未被披露过的艳情俚曲《琴瑟乐》及短篇俚曲不下数十种。

1936 年（41 岁）

3 月，在日本东京文求堂书店出版《聊斋志异外书磨难曲》，原作者蒲松龄，编辑兼注解者路大荒。

6 月，完成《蒲柳泉先生年谱》。

是年，完成《聊斋全集》书稿。经好友、著名学者王献唐先生介绍认识上海世界书局赵苕狂先生，由上海世界书局出版。卷首载《蒲柳泉先生年谱》、世系、生年考证、张元《墓表》及胡适《墓表》跋等。

是年，栾调甫先生为先生《聊斋诗集序》写序。

秋，先生典衣缩食，购得最珍贵的《聊斋文集》一册。栾调甫先生为先生撰文《抄书〈聊斋志异〉跋》（载《华北日报·图书周刊》第 70 期）。

是年，大荒先生学生、学者骆伟先生出生。

1937 年（42 岁）

7 月 7 日，日本帝国主义制造了七七事变，并发动了全面侵华战争。

是年，大荒先生赴杭州航空学校学习，归来后担任防空防护工作。

12 月 27 日，日寇侵占淄川县城。

是年，大荒先生恩师、著名书画家毕先奎（柳村）先生去世，终年 86 岁。

1938 年（43 岁）

1 月，日寇将路家老宅放火焚烧，家产荡然，所存书画古玩损失殆尽。大荒先生将蒲氏重要手稿资料藏匿安排后，作为淄川“抗日政府”审判官入淄川山里辗转躲藏，因故遂遭惨败。日本敌伪出示布告通缉大荒先生。大荒先生家中老少四处奔逃，过着流亡生活。

春，经周村潜入北平而后回到济南，得到表弟高金庸（字梦周）先生资助，易名“路爱范”，隐居大明湖秋柳街 18 号，设课教徒维持生活。

是年重阳节前一天，先生与友人李振华、罗锦章同逛曲水亭街上的旧书肆访书，忽然发现聚古斋书肆里有《聊斋文集》6 册，不禁心中大喜。而店主索价甚昂，何能获之？最后好说歹说，总算有李、罗二位作保，店主人答应可暂借他拿回家翻阅，限一日后归还。

1939 年（44 岁）

11 月 22 日，在表弟高梦周先生的资助下，大荒先生携罗锦章好友作北平之游，到达北平后住化兴魁号内。此次访友，大荒先生托溥儒为蒲松龄手稿绘制《聊斋著书图》。并拜访傅大卣先生，与他研究元明版本的特征等。

12 月 27 日，大荒先生刚从北平归来，表弟高梦周就从博山来济南见他，并将蒲松龄《聊斋文集》手稿等重要资料交到了大荒先生手中。

1940 年（45 岁）

农历正月初九，书画家溥儒先生绘《聊斋著书图》赠予先生。

夏，黑伯龙先生送给大荒先生一幅《采莲图》。

1941 年（46 岁）

是年，著名书法家、历史学家王讷为先生大著《蒲柳泉先生年谱》写序。并同王讷先生合作一幅画，先生画的是梅花。

1942 年（47 岁）

在济南陶瓷业公会任文书 3 个月。

1945 年（50 岁）

5 月，兼任济南花墙街“聚文斋”书店经理。

是年，黄宾虹先生赠大荒先生山水画一幅、册页一帧。

9 月 2 日，中国人民抗日战争取得了伟大胜利。

9 月，任山东省立图书馆特藏部主任，直至 1948 年 8 月。

1946 年（51 岁）

撰写《山东藏书家史略》一文，刊登在《黄海潮》杂志上。

1947 年（52 岁）

是年，兼任淄川旅济同乡会理事，仍在山东省立图书馆工作。

是年，黄宾虹先生托大荒先生在明湖书社寄卖黄宾虹先生画作，以补家用。

是年，溥心畬先生的夫人不幸去世，作为溥先生的好友，大荒先生收到讣告后，即刻回信，奉上一副挽联。

1948 年（53 岁）

9 月 10 日，山东省人民政府山东古代文物管理委员会成立，吴仲超任主任。

秋，王献唐先生为路大荒先生藏《聊斋文集》手稿题词。

9 月 24 日，山东省会城市济南解放。先生被任命为山东省图书馆整理委员会主任委员。

12 月，山东古代文物管理委员会在济南大明湖畔的山东省立图书馆举办了解放后第一次古代文物展览会，这在当时战争年代尚属首次。吴仲超同志对大荒先生的鼎力支持表示非常感谢。

1949 年（54 岁）

10 月 1 日，中华人民共和国成立。

是年，任山东省图书馆副馆长，兼山东古代文物管理委员会委员。

是年，调查周代齐国长城，经过孝里铺时作《孝堂山石室图》（写生），以此为鉴本，创作《山水画》一幅。

1950 年 （55 岁）

是年，王献唐先生自大后方归来，约先生去山东省古代文物管理委员会工作，任管委会委员。

1951 年（56 岁）

大荒先生迁居至美丽的曲水亭畔，王讷先生得知后赋诗一首，以表庆贺。

2 月，曲阜县政府组成文物清点委员会，全面清查文物。山东省古代文物管理委员会派路大荒、李既陶、杜显震、杨子范等先生参加，将孔府馆藏文物分为珍贵文物和一般文物两类。

是年，写对联一副：“共产主义世世好，社会主义日日新。”

1952 年（57 岁）

3—6 月，山东省古代文物管理委员会派大荒先生等人来曲阜，对曲阜县征集和捐献的文物进行鉴定分类。

5 月，到胶东对古文物群进行考察。

是年，山东省古代文物管理委员会派路大荒、王献唐两先生，几次到淄博考察齐长城遗址，亲自登上双雄山、凤凰山西麓以及围屏山等遗迹进行深入调查。考证的结果，博山地处齐长城所经之地，确切无疑。

7月，赴孝堂山郭氏墓石祠进行了详细的实地考察后，写出了《孝堂山石室资料》，对石室形制、尺寸、建筑特点及满刻的画像内容等做了详细的介绍，称“实为研究东汉社会的宝贵资料”，并申请文物修复经费重建了石室外的覆室，对石室进行了实质性的保护。

7月，由省文化厅领导，山东省立图书馆改名为山东省图书馆。

1953年（58岁）

5月29日 赴小顶考察齐长城中段。

7月，考察长清孝里铺广里长城，并将此次实地考察齐长城的面貌做了大概地介绍，并亲手绘制了齐长城草图。

冬，中共中央文化部副部长周扬来济南，嘱咐先生继续整理和搜集蒲松龄遗著，将过去编的《聊斋全集》重新出版。先生愉快地接受了这一任务。

是年，先生好友、鸳鸯蝴蝶派作家赵苕狂先生去世，终年61岁。

1954年（59岁）

6月，撰写的《齐国长城勘查备忘录》，首先对战国时期以及历代关于齐国长城的记载做了全面的论述。

是年，先生撰文《蒲松龄先生的故居》，刊登于《光明日报》。

是年，先生主持修复蒲松龄故居，包括聊斋、东大门、东西两厢。

1955年（60岁）

是年，先生先后撰文《山东周代的齐国长城》（载《中国史学会济南分会会刊》）、《〈聊斋志异〉作者蒲松龄画像》（载《文物参考资料》第8期）、《〈聊斋全集〉中的〈醒世姻缘〉

与〈鼓词集〉的作者问题》（载《光明日报》9月4日副刊《文学遗产》第70期）。

是年，时任山东省文化局局长王统照先生看过大荒先生收藏的《聊斋文集》手稿后，题诗两首。

是年，好友、著名书画家黄宾虹先生去世。

1956年（61岁）

春，张彦青先生参加蒲松龄故居的筹建工作，他的任务是协助大荒先生搜集有关蒲松龄先生的文物，并搞好纪念馆的扩建和展品艺术上的陈列布置。

6月，国家文物局派单士元先生、李洪庆先生和山东省古代文物管理委员会路大荒先生、李既陶先生来曲阜，将孔府馆藏文物鉴定划分为33个品类。是年，先生撰文《山东文物管理处整理曲阜"孔府"所存历代衣服文物》（载《文物参考资料》总第72期）。

8月，致张友鸾先生书信一封。

撰文《整理蒲松龄诗文杂著俚曲的经过》（载《中国史学会济南分会会刊》第2期）。

是年，为蒲松龄故居题写"聊斋"两字，从此名扬海内外。

是年，借得淄川友人所藏《聊斋诗集》五卷，后附《诗余》一卷，又得530首。

是年，欧洲著名汉学家、捷克斯洛伐克布拉格东方研究所所长雅洛斯拉·普实克院士来华，称赞大荒先生"学识渊博""熟于历史掌故"。

是年，发现并为国家购得蒲松龄《鹤轩笔札》手稿四册。10月，王统照先生看后，写下一段序言，记述大荒先生与《鹤轩笔札》的渊源。

1957年（62岁）

是年，先后撰文《蒲松龄》（《前哨》1月号）、《弹词东郭传与鼓词东郭外传》（《光明日报》2 月 10 日副刊《文学遗产》第 143 期）、《蒲松龄的〈南游诗草〉介绍》（《光明日报》4 月 21 日副刊《文学遗产》第 153 期）、《蒲松龄故居》（《文物》1957 年第 5 期）。

是年，致周绍良先生书信一封，说明蒲松龄去青州考试是不可能的。

11 月，王统照先生病重中口述，大荒先生代笔，为《蒲松龄集》写序。

11 月 24 日，好友王统照先生去世，终年 61 岁。

1958 年（63 岁）

是年，通过对泰山古建筑群进行了全面地考察后，对文物修复做了细致的整体规划，并亲笔写下了 1958—1963 年泰山古建筑群修复提纲。

是年，山东人民出版社出版了先生与李森文先生合撰《刘德培》一书。淄博市京剧院依照此本，上演了《刘德培起义》一剧，深受观众欢迎。

是年，在所画山水横幅上自题“锦绣江山千万里，乘风破浪争上游”。

是年秋，为《渔洋山人评点昆仑山房诗稿》一书绘《昆仑山房图》一幅。

1959 年（64 岁）

7 月，被推选为山东省政协委员、山东省作家协会理事。

是年，调回山东省图书馆，任副研究员，主持古籍善本的选购鉴定与整理工作。

10 月，《山东画报》特刊号发表赞赏大荒先生对古籍颇有研究的光辉业绩及照片。先生亲笔写在照片反面：“尔是何许人，鬓发已苍苍；大瞪两只眼，死盯这本书！大荒其堂主人试笔。一九五九年十月十四日。”这可谓他用心研究古籍的自白。

是年，与李既陶先生合撰《济南市齐城峪九顶塔年代的商榷》（载《文物》1959 年第 12 期）。

1960 年（65 岁）

捷克斯洛伐克汉学家普实克院士首次来山东访问，与大荒先生进行了蒲学研究的深入探讨与交流,并结下了深厚的友谊。

是年，作《疏柳荷花》图，飘然出尘，雅有清趣。并题旧诗一首。

11 月 16 日，好友、著名考古学家、山东省图书馆馆长王献唐先生病逝于济南，终年 64 岁。后安葬于万灵山公墓，大荒先生亲自为好友撰写碑文。

1961 年（66 岁）

蒲松龄著作编辑委员会成立，先生任副主任，成员分别为余修、宋英、冯沅君、燕遇铭、李既陶、严薇青、路大荒、袁世硕、李桂林、蒲玉水、蒲文琪等先生。

7 月 30 日，《光明日报》副刊《文学遗产》刊登先生《谈谈济南朱氏本〈聊斋志异〉》。

是年，蒲松龄故居管理委员会建立。9 月 28 日，全体委员到故居参观。

是年，李世钊先生在淄博山村发现蒲松龄撰写的《创修五圣祠碑记》，大荒先生确认为真迹。

是年，带学生骆伟去宁阳县，专访清代藏书家黄恩彤旧藏。

1962 年（67 岁）

6 月 9 日，应邀出席山东省出版局召开的整理蒲松龄著作编辑委员会，先生被推选为副主任，实为负编辑之责。

是年，撰文《蒲松龄辑录〈观象玩占〉手稿与其所编著的〈农书〉简介》刊登于《山东省志资料》第 3 期上，将先生自己收藏的两册手稿进行了介绍。

是年，突闻山东省文物总店收有大量毕氏著作，十分欣喜，于是带骆伟先生将毕氏著作多种全部收购。

是年，赠给书法家张海清先生《三友图》，笔墨酣畅，秀资如生，完美可观。

是年，大荒先生积半个世纪的辛勤劳动，具有123万字的《蒲松龄集》由中华书局出版。这个集子是蒲松龄先生的一个别集，至此，蒲松龄的著作除《聊斋志异》及散佚作品外，几乎全部收集在内。这是大荒先生毕生搜集、发掘、研究、整理蒲松龄著作的巨大成果，它为国内外蒲松龄研究工作奠定了资料基础。

1963年（68岁）

6月，中华书局出版《蒲松龄集》增订本，先生又一次增加7000多字。

是年，把最心爱的《聊斋文集》手稿等重要文献捐献给山东省图书馆。

是年，普实克院士二次访问山东。大荒先生不但在蒲学研究方面与普实克院士进行了深入的探讨，还陪同他到参观了山东的名胜古迹，并对山东的历史文化进行了详细的介绍。

是年，李士钊先生在淄川深山古刹中觅得蒲松龄先生撰写的《青云寺重修二殿记》，经大荒先生确认为蒲松龄遗作。

1964年（69岁）

是年，蒲玉水先生发现了蒲松龄先生撰写的《重修三圣祠碑》，并得到了大荒先生的确认。

1965年（70岁）

6月，政协山东省委员会组织70岁以上委员到北京参观，大荒先生参加此次参观团并在天安门前合影留念。

是年，先生致日本学者天野元之助书信一封，讨论关于《农桑考》问题。

1966 年 （ 71 岁 ）

史无前例的“文化大革命”爆发，“文革”期间，大荒先生屡遭批斗，抄家、游街，先生收藏文物、古书画毁坏颇多。

是年，孙均野先生由北京寄赠《聊斋呈稿》九篇。

1967 年（ 72 岁 ）

夏，石谷风先生借出差看望大荒先生，大荒先生假作不认识他，让他赶快离开，保护了石先生。

该年，大荒先生经多次批斗，身体和精神都受到了很大的伤害，终患脑中风卧床不起。

1968 年（ 73 岁 ）

夏，先生卧床不起，凭记忆嘱其孙女找到抄家时藏起的《蒲松龄集》，翻到某页，在某段落某句子后增加几行字，并嘱咐，等将来有机会再版时，一定要修改过来。

1971 年 （ 76 岁 ）

先生感时日不多，唤次子路士湘、三子路士汉到床前，亲自交代遗嘱。“我经二代兴亡事，认识到世乱知忠贞，疾风知劲草……蒲松龄诞生在明清交替时刻，出现的人物应有忠奸之别，是非之分……对我的片纸只字都要好好保存，尤其是年谱（指蒲松龄年谱）是我心血凝成的，你们更不能丢，日后随着时间的推移，遇有时机争取出版，还有重订的必要。”

1972 年（ 77 岁 ）

6 月 5 日，傅大卣先生得知大荒先生尚健在时，写给大荒先生“文革”开始后的第一封信也是最后一封信。

6 月 6 日下午 6 时 30 分，病逝于济南，葬于济南南部郎茂山下。

7 月，先生儿子遵父亲遗嘱，将其生前使用收藏的一方古砚台赠与好友魏启后先生。

是年，挚友、国学大师栾调甫先生逝世，终年 84 岁。

1980 年

8 月，齐鲁书社出版大荒先生早年著作《蒲松龄年谱》。

9 月 20 日，山东省文化局在济南英雄山革命公墓为他举行了追悼会。主持大会的是山东省政府党政负责人。山东省图书馆成立治丧小组，省里领导高启云、王众音、丁方明、余修等一同敬献了花圈。中国文联周扬同志发来唁电并向家属慰问。会上郑重宣布："极'左'路线强加给路大荒同志的一切诬蔑不实之词，应予推倒，恢复名誉。"

1982 年

大荒先生生前收集整理的《蒲松龄佚文十二篇》，刊载于《东岳论丛》上。

1986 年

先生生前整理出版的《蒲松龄集》，重新由上海古籍出版社出版。

8 月，先生著作《蒲松龄年谱》由齐鲁书社再版（李士钊先生整理）。

1987 年

先生骨灰迎归原籍淄川菜园村，5 月，同夫人李氏合葬于淄博铁路孝妇河大桥北菜园公墓。梁漱溟先生题写墓碑碑名并撰墓志铭："盛德丕显，有功不矜。高风亮节，报效国恩。得时则驾，日月胸襟。半生贫贱，一代闻人。留仙知己，永垂竹帛！"

参考文献

一、图书

路大荒：《蒲松龄年谱》，齐鲁书社 1980 年版。

山东省图书馆志编委会编：《山东省图书馆志》，中华书局 2004 年版。

石谷风：《古风堂艺丛》，天津人民美术出版社 2009 年版。

济南市政协文史资料委员会编：《济南近现代书画名家》，济南出版社 2013 年版。

石谷风：《亲历画坛八十年——石谷风口述历史》，江苏文艺出版社 2014 年版。

二、杂志

路大荒：《蒲松龄》，载《前哨》1957 年第 1 期。

林凤五：《劳动人民热爱的文化宝库——山东省图书馆》，载《山东画报》1959 年第 10 期增刊。

李森文：《开路拓荒，潜心治学——蒲松龄研究专家路大荒》，载《新华月报（文摘版）》1980 年第 12 期。

路士汉、路士湘辑录：《蒲松龄佚文十二篇》，载《东岳论丛》1982 年第 3 期。

罗锦章：《我所知道的路大荒先生》，载《淄博文史资料选辑》第一辑，1982 年。

路大荒遗著，陶振纲注记：《贷钱典衣购〈聊斋文集手稿〉记》，载《文艺评论》1983 第 3 期。

宋协明:《建国前后山东省文物工作的回顾》,载《文物摘报》1985 年第 20 期。

李森文：《路大荒遗诗》，载《济南市中学图书馆通讯》1987 年第 7 期。

王统照遗作，李森文整理：《〈聊斋全集〉序》（未刊稿），载《济南市中学图书馆通讯》1987 年第 7 期。

蒲雨：《蒲学研究的奠基人路大荒》，载《淄川文史资料选辑》第二辑，1988 年。

陶振纲：《怀念路大荒老先生》，载《山东图书馆学刊》1989 第 4 期。

王杰:《蒲松龄著作研究专家——路大荒》,载《山东画报》1989 第 10 期。

骆伟：《齐鲁等地访书偶记》，载《高校文献信息研究》2001 年第 3 期。

张彦青：《蒲松龄故居历史文物搜集的回忆》，载《往事追忆》2008 年第 3 期。

张彦青：《忆大荒先生》，载《山东图书馆学刊》2009 年第 3 期。

孟鸿声：《山左三杰两相知——略述王献唐与路大荒先生交往》，“王献唐、屈万里、路大荒学术研讨会”提交论文，2009 年。

王杰：《路大荒编订〈蒲松龄集〉遗作》，载《山东图书馆学刊》2009 第 3 期。

杨海儒等:《试论路大荒先生在“聊斋学”中的奠基地位》,载《山东图书馆学刊》2009 第 3 期。

邹宗良：《路大荒先生对蒲松龄研究的贡献》，载《山东图书馆学刊》2009 第 3 期。

孟鸿声：《路大荒先生年谱》，载《山东图书馆学刊》2009 第 3 期。

骆伟：《山高水远忆先师——缅怀路大荒先生》，载《山东图书馆学刊》2009 第 3 期。

路士湘：《路大荒老人传记》，载《山东图书馆学刊》2009 第 3 期。

赵连生：《蒲松龄故居与路大荒先生》，载《山东图书馆学刊》2012 第 3 期。

刘权：《路大荒——“蒲学”奠基者的否显人生》，载《走向世界》2012 年 15 期

三、报纸

严薇青：《记路大荒先生》，载《济南日报》1987 年 3 月 24 日。

姜帆：《路大荒与蒲松龄著作》，载《联合周报》1989 年 9 月 27 日。

王刚:《路大荒与聊斋》,载《齐鲁周刊》2000 年 3 月 28 日。

雍坚、李铭、郭建政:《蒲学大师路大荒 泉边湖畔筑书巢》，载《生活日报》2004 年 9 月 22 日。

尹启元、易莎白：《中国蒲学第一人曾弃家保蒲松龄手稿，明湖扩建涉及其故居，路大荒故居是去是留？》，载《山东商报》2006 年 4 月 28 日。

《被文保部门列入有价值名单仍难逃厄运，蒲学研究第一人故居被拆》，载《齐鲁晚报》2006 年 5 月 9 日。

郭学军:《路大荒故居被拆除，考古人士连呼可惜》,载《生活日报》2006 年 5 月 9 日。

葚泓：《曲水亭街上的路大荒故居》，载《济南时报》2007 年 10 月 13 日。

常诚：《路大荒与〈聊斋文集〉手稿》，载《大众日报》2006 年 3 月 22 日。

陈明超：《路大荒的蒲学人生》，载《齐鲁晚报》2010 年 6 月 17 日。

郇起鸿：《书画双绝郑作桢》，载《生活日报》2013 年 12 月 3 日。

徐忠志：《曲水亭街：大荒见葱茏》，载《齐鲁晚报》2016 年 1 月 27 日。

四、未发表手稿

路大荒：部分日记。

路大荒：工作履历（手抄稿）。

路大荒：与友人往来信件。

路士湘：《纪念蒲松龄研究专家路大荒老人》（手稿），1984 年 4 月。

陶振纲：《路大荒先生传略》（手稿）。

后　记

深夜里，月朗星稀，我坐在书桌旁，轻轻地放下了笔，经过数年艰苦的劳动，初稿终于完成了。回想当初决心将爷爷的故事写出来的时候，没想到会有这么多的困难。首先，隔行如隔山。虽然在自己的专业里，写论文不是什么难事，但一旦要实事求是地写这种带有传记色彩的文章，还是不知道怎样写才好。其次，也是最重要的一点，爷爷离开我已经40多年了，我也从一个年轻的女孩子走向了中老年。往事如烟，绝大部分与爷爷同时代的人都走进了历史，况且爷爷生命中的大部分与我的生命并没有交集。怎么办？

爷爷的一生，是与中国近百年波澜壮阔的历史息息相关的。他生于清朝末年，成长于民国初年，青年时代经历了辛亥革命、五四运动、新文化运动、乡村建设等一系列的大事件。以后又经历了抗日战争、解放战争。及至新中国成立后，他既在“百花齐放，百家争鸣”的春天里为蒲松龄研究添加了浓墨重彩的一笔，也在“文革”中被批斗直至蒙冤去世。我作为爷爷的后代，只想把真实的爷爷写出来，把他的理想、把他的追求、把他一生的轨迹真实地呈献给大家，我能做到吗？

感谢我爷爷一生中志同道合的挚友们，他们当中的许多人，例如李士钊、石谷风、张彦青、严薇青、李森文、罗锦章等先生。在“文革”结束后的80年代，陆续在中国主流报纸期刊杂志发表了许多回忆我爷爷的纪念文章。这些文章由于是当事人亲身经历而写成，具有较高的真实性，给我提供了可靠的写作素材。

感谢石谷风老先生，这位中国著名的文物学家、国画家、我爷爷民国时期众多好朋友中唯一健在的百岁老人。新中国成立后他虽然远在安徽工作，但80年代以后，在我爷爷诞辰、逝世等日子里,他在报纸杂志发表了多篇纪念大荒先生的文章。去年春天我和哥哥去安徽合肥拜访石老伯，当我拿出我爷爷与他40年代合作的画册时，老人双手抚摸着画册，回忆着当年的情景，激动万分。我们提出让老先生为本书写序时，他欣然同意，并表示为纪念恩师的文章写序，是他义不容辞的责任。感谢石老的儿子石黄海先生，为我提供了大量石老与我爷爷交往的资料、信件及书画作品，在我写作过程中提供了无微不至的帮助，使我深感温暖和亲切。

感谢王献唐先生的儿媳安可荇先生和长孙王福来先生。作为世交，我们两家有着密切的往来。在这次写书过程中，安阿姨和福来哥哥给予了大力的支持，安阿姨多次说：“路先生家里的事，就是我家的事。小红给路先生写书，有什么需要帮忙的，尽管说。”从搜集资料、讲述爷爷与王爷爷之间的友谊，到提供他们之间的文字资料，他们都做了很多工作。当我对爷爷他们之间的文字资料中有些字辨认不出来时，福来哥哥总是用正楷抄写后再提供给我，使我感到像家人一样温暖。

感谢山东省图书馆副馆长李西宁先生在写书过程中的大力支持。感谢陶振纲先生的儿子陶嘉金先生。作为新一代的图书馆人及我和哥哥的发小，陶先生提供了爷爷在山东省图书馆工作时的大量资料，使我倍感亲切。

感谢魏启后先生的儿子魏宝乐先生在我写作时提供的鼎力

帮助。魏宝乐、魏宝谈先生热情提供了大荒先生赠送魏先生古砚实物照片，并将古砚上的铭文一一抄录下来供我参考，使这些珍贵的历史资料得以在文章中重现。

感谢路大荒先生年谱的作者、山东省书法家协会副会长孟鸿声先生给我提供了许多珍贵的资料。并热情地为我提供了许多宝贵的线索，使我深受感动。

感谢蒲玉水先生的儿子蒲泽先生，他热情提供了珍贵的资料及大荒先生与蒲玉水、蒲泽父子二人的合影，展示了大荒先生与蒲玉水先生的多封往来信札，讲述了当年蒲玉水先生在蒲松龄故居工作的日日夜夜，以及“文革”中蒲先生不顾个人安危保护珍贵文物的点点滴滴，为本书相关章节提供了可靠的资料。

感谢刘阶平先生的后代乔建华教授，作为同行，虽为医学专家，由于家族的影响，乔先生对文物书画颇有研究。在刘阶平先生与我爷爷友谊一章里，乔先生热情提供了宝贵的资料，使这一章节能够顺利完成。

感谢山东中国文学艺术博物馆馆长、著名收藏家徐国卫先生。当得知我为爷爷撰写传记需要他的帮助时，他热情地接待了我，并无私地提供了他收藏的我爷爷的宝贵资料。

感谢关友声先生的儿子关天栋先生，为我提供了我爷爷为关友声先生题写的书法作品以及两位先生亲密往来的细节。

感谢齐鲁书社刘玉林先生在编辑此书过程中花费的大量心血。他严谨的工作作风、渊博的专业知识对此书的出版起到了很大的帮助，给我留下了深刻的印象。感谢所有在写书过程中帮助过我的人，没有他们，我不可能顺利完成此书。

感谢我的伯父，他整理了许多我爷爷留下的资料，并写下了一些纪念、回忆我爷爷的文章手稿，尤其是我爷爷早年在淄川老家的经历。这些资料给我写作带来了很多不可多得的信息。

感谢我的堂哥、堂姐、表姐们，当得知我要写有关爷爷的回忆文章时，纷纷给我提供资料及其力所能及的帮助。

尤其感谢我亲爱的爸爸、妈妈。爸爸、妈妈谨遵爷爷的遗嘱："对我的片纸只字都要好好保存，尤其是年谱（指《蒲松龄年谱》）是我心血凝成的，你们更不能丢，日后随着时间的推移，遇有时机争取出版，还有重订的必要。"虽然爸爸身体一直不好，没有精力及体力书写爷爷的传记，但他力所能及地与伯父一起再版了爷爷的《蒲松龄年谱》。并将爷爷仅存的手稿、日记、随笔、信札等各种原始资料都妥善保存起来，做到了"片纸只字都要好好保存"。正是这些原始资料的存在，使这本书得以顺利完成。

最后，感谢济南考古所所长李铭先生。是他在不同的场合，大力宣传路大荒等诸位先生在保护发扬祖国传统文化尤其齐鲁传统文化中起到的重要作用；大力宣传保护济南古建筑及名人故居。他多次鼓励我将爷爷的故事写出来，并为我写作提供了力所能及的支持，可以说，正是在李铭先生的鼓励下，我才树立信心以一个外行人的角度将爷爷的故事真实地呈现在读者面前。

在此书写作过程中，一个小生命降生了。我的小孙女、一个可爱的小精灵来到了人间。算起来，这是我爷爷的玄孙了。孙女的降生，给家庭带来了无限的快乐，也给我带来了感慨。爷爷离开我时，我还是一个年轻的女孩子。时光荏苒，一转眼近半个世纪过去了，我也当奶奶了。人生就是这样，生生不息地向着未来走去。我希望我的孙女长大后，能够从这本书中，看到她的前辈、她的太老爷爷是怎样挖掘、保护和整理我国珍贵文化遗产的，是怎样保护和修复齐鲁大地的文物古迹的。他穷其一生做了他挚爱并认为应该做的事。不管是在贫困潦倒的抗日战争期间，还是和平幸福的年代；不管是身处逆境，还是和风细雨中。他总是凭着对祖国的一腔热爱，对祖国传统文化的一腔热爱，为他心目中伟大的事业贡献了一生，并无怨无悔。

路方红

2016年10月于小曲水书巢

图书在版编目（CIP）数据

路大荒传 / 路方红著 . — 济南：齐鲁书社，2017.3
ISBN 978-7-5333-3690-5

Ⅰ. ①路… Ⅱ. ①路… Ⅲ. ①路大荒（1895–1972）–传记 Ⅳ. ① K825.6

中国版本图书馆 CIP 数据核字 (2017) 第 003564 号

路 大 荒 传
路方红 著

主管单位	山东出版传媒股份有限公司
出版发行	齊魯書社
社　　址	济南市英雄山路189号
邮　　编	250002
网　　址	www.qlss.com.cn
电子邮箱	qilupress@126.com
营销中心	(0531) 82098521　82098519
印　　刷	山东德州新华印务有限责任公司
开　　本	720mm × 1000mm　1/16
印　　张	15.5
插　　页	3
字　　数	200千字
印　　数	1－1200
版　　次	2017年3月第1版
印　　次	2017年3月第1次印刷
标准书号	ISBN 978-7-5333-3690-5
定　　价	80.00元